PIERRE
BONAPARTE

ET LE
CRIME D'AUTEUIL

ÉTUDE

Historique, biographique, juridique et médico-légale

Renfermant plusieurs Documents inédits

Tous les Français sont égaux devant la loi.

DEUXIÈME ÉDITION

PARIS

CHEZ TOUS LES LIBRAIRES DE LA FRANCE
ET DE L'ÉTRANGER

1870

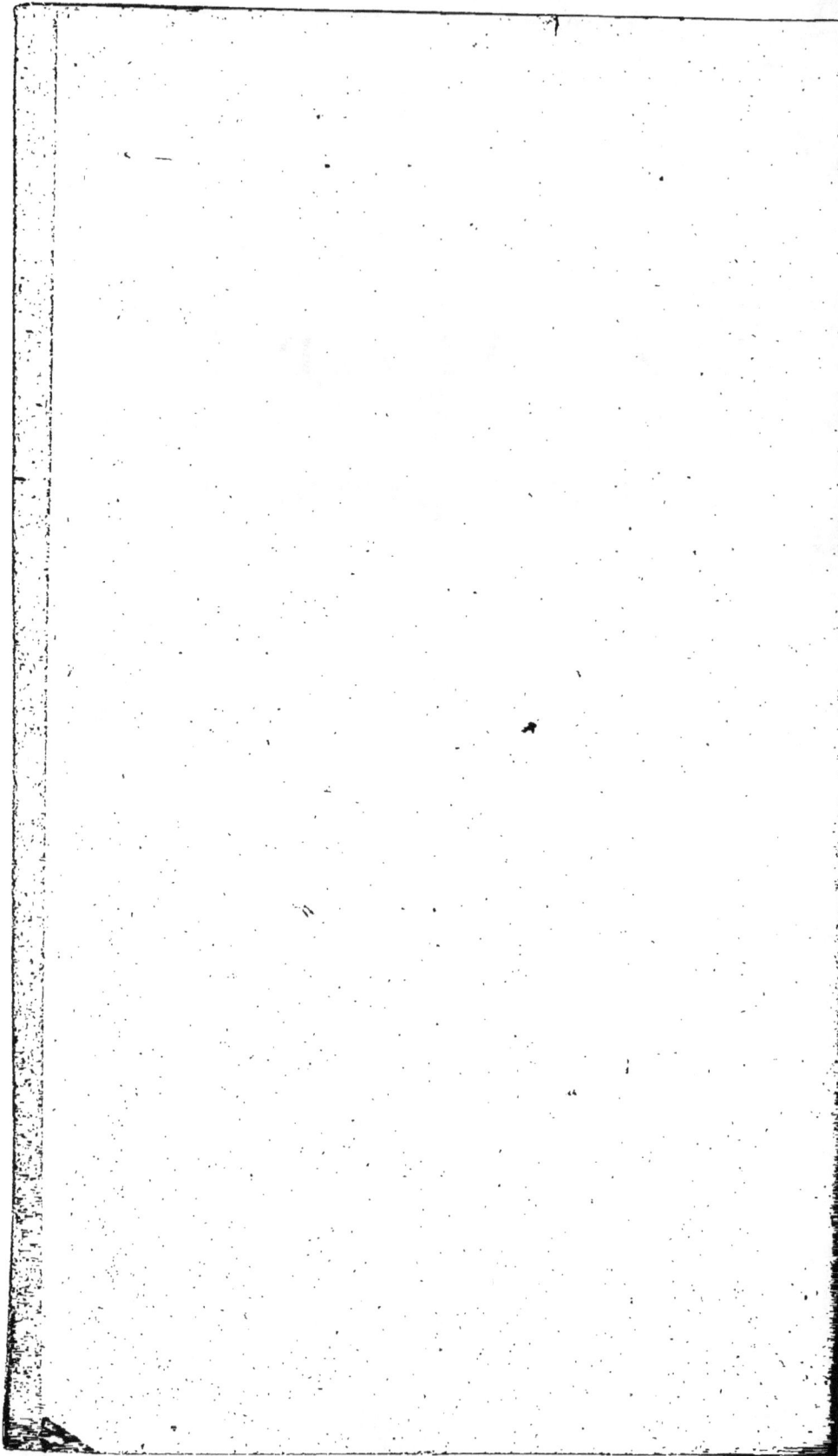

PIERRE BONAPARTE

ET LE

CRIME D'AUTEUIL

Paris. — Imp. Emile Voitelain et C⁰, 61, rue J.-J.-Rousseau.

PIERRE
BONAPARTE

ET LE

CRIME D'AUTEUIL

ÉTUDE

Historique, biographique, juridique et médico-légale

Renfermant plusieurs Documents inédits

Tous les Français sont égaux devant la loi.

DEUXIÈME ÉDITION

PARIS

CHEZ TOUS LES LIBRAIRES DE LA FRANCE
ET DE L'ÉTRANGER

1870

PIERRE BONAPARTE

ET

LE CRIME D'AUTEUIL·

I

LA NOUVELLE

Le lundi 10 janvier 1870, vers deux heures et demie de relevée, pendant que l'empereur Napoléon **III** essayait de chasser à Rambouillet, la nouvelle se répandit électriquement dans Paris qu'un de ses cousins germains, Pierre Buonaparte, dit Bonaparte (1), venait d'assassiner deux journalistes, dans sa propre maison, sise à Auteuil, Grande-Rue, nº 59.

---

(1) On sait que le vrai nom de la famille dite aujourd'hui *Bonaparte* est *Buonaparte*, de même que le vrai nom de *Napoléon* est *Nabulione*. C'est pour donner à ces noms une consonnance plus française et une plus grande sonorité que le premier empereur les a changés en noms de guerre, à l'exemple de la plupart des comédiens dont il était un des types les plus remarquables.

A cette nouvelle sinistre, la population tout entière ressentit une vive émotion, promptement remplacée par une indignation profonde. Au bout de peu d'instants, on sut que le bruit public avait exagéré le nombre des victimes : un seul journaliste, nommé Victor Noir, avait été tué; l'autre, M. Ulric de Fonvielle, avait seulement reçu deux balles dans son vêtement extérieur. Il n'y avait pas là de quoi calmer l'agitation, qui était extrême. Dans les ateliers, dans les magasins, dans les salles de cours des écoles, dans les cafés, le soir, dans les théâtres, dans les rues même, partout, en un mot, où deux ou plusieurs personnes se trouvaient réunies, le drame sanglant d'Auteuil était l'unique objet d'entretien.

L'indignation ne fit que s'accroître, quand on apprit que, parmi les nombreux agents de police réunis devant la maison du meurtrier, pas un seul n'avait voulu ou n'avait osé y pénétrer, malgré le flagrant délit, et que le commissaire de police qu'on était allé quérir, au lieu de venir procéder sans retard aux premières constatations et à l'arrestation du meurtrier, était allé chercher des instructions aux Tuileries, suivant les uns, et suivant les autres, à l'Administration centrale de la police. On avait su, en même temps, qu'aussitôt le meurtre commis, Pierre Buonaparte avait envoyé un télégramme à M. Conti, chef du cabinet de l'Empereur, et avait manifesté l'intention d'attendre une réponse, avant de prendre une décision sur la conduite à tenir. Un journal agréable au pouvoir a même annoncé, sans avoir été démenti, que Pierre avait écrit, aussitôt le meurtre commis, à son cousin l'Empereur. En présence de toutes ces circonstances irritantes, on se demandait avec

une anxiété courroucée, si, malgré l'immense reten-
tissement de l'attentat, il en serait de la mort de Victor
Noir comme des morts ténébreuses du général Corne-
muse, du peintre Alfred de Dreux, du jeune comte
Camerata, de la jeune actrice Marthe et de plusieurs
autres, sur lesquelles le public est réduit à se contenter
ou plutôt à se mécontenter de points d'interrogation
lugubres ou de légendes effrayantes.

Dans la soirée, un léger apaisement eut lieu dans les
esprits, quand on fut informé que le garde des sceaux
avait ordonné l'arrestation de Pierre Buonaparte; mais
l'apaisement ne fut pas de longue durée. De nouvelles
causes d'irritation surgirent en foule, dès le lendemain
de l'assassinat.

On lut, d'abord, avec une douloureuse surprise, dans
les journaux favorables au gouvernement, cette étrange
remarque : « l'Empereur a approuvé l'ordre d'arrestation. » Comment! se demandait-on, l'Empereur aurait donc pu ne pas approuver un pareil ordre? Il est
donc au pouvoir de quelqu'un, en France, de suspendre
le cours de la justice, d'empêcher l'arrestation d'un
assassin, sous prétexte qu'il appartiendrait à la famille
Buonaparte, à la famille Murat, aux familles Demidoff,
Bacchiochi ou autres? Et l'on était obligé de se répondre
qu'en effet le citoyen Conté, maître maçon à Boissy-
Saint-Léger, bâtonné par le prince Murat, faisait en
vain appel depuis plusieurs mois à la justice exceptionnelle de l'empire, après avoir été éconduit, sous prétexte d'incompétence, par la justice régulière du pays.
Les actes subséquents du pouvoir n'étaient pas faits
pour calmer ces justes motifs d'irritation.

Le *Journal officiel de l'empire* apprit à la France que

le ministre de la justice, qui pouvait à son choix (1) envoyer l'accusé Pierre Buonaparte devant la justice régulière ou devant une justice exceptionnelle, avait opté pour cette dernière, et avait préféré la *Haute Cour* à la Cour d'assises. Le décret qui nous faisait connaître cette option était conçu dans des termes qui n'étaient pas plus satisfaisants que l'option elle-même (voir le paragraphe *juridiction*) : le meurtrier y est désigné sous le nom du *prince Pierre Bonaparte*, et la victime sous la désignation du *sieur* Victor Noir; on y parle de « l'homicide *attribué* » au prince Pierre par les rapports, alors que le flagrant délit avait été constaté avec la plus absolue certitude. Ce n'est pas tout : le lendemain de ce décret, il en parut un autre qui, faisant en quelque sorte d'une pierre deux coups, semblait profiter de l'occasion du crime d'Auteuil pour accueillir l'ancienne requête du citoyen Conté, laquelle serait, suivant toute apparence, restée sans réponse, sans l'émotion causée par ce lamentable événement. Dans le second décret, comme dans le premier, le citoyen Conté est désigné par le mot de *sieur*, et l'inculpé Murat par le titre de *prince;* en sorte que, dans la langue juridique de la Cour et de la Haute Cour, les citoyens égorgés ou assommés deviennent des *sieurs*, tandis que les égorgeurs et les assommeurs restent des princes et ne deviennent pas même des accusés, s'agît-il de flagrant délit !

A la prison tout se passait comme on pouvait le prévoir, d'après les termes de pareils décrets. Au lieu d'être

---

(1) Nous nous bornons à constater ici purement et simplement la faculté du choix; un peu plus loin, au paragraphe *juridiction*, nous le prouverons.

renfermé et isolé dans une cellule, tenu même au secret, comme il est de règle à peu près absolue dans les
cas d'accusation d'homicide, l'accusé, ou plutôt le
prince, occupait les appartements du directeur de la
Conciergerie, ayant vue sur les quais et les ponts; il y
recevait nombreuse compagnie, et même un envoyé
chargé de lui remettre un diplôme de président d'une
société de sauveteurs! Il y donnait des déjeuners dont
les journaux officieux poussaient parfois la platitude
jusqu'à donner le menu (1). Ce ne sont pas seulement
les amis et connaissances de l'impérial inculpé qui sont
reçus dans ses appartements, c'est le magistrat instructeur de la Haute Cour lui-même. Des journaux judi-
ciaires, sensés voués au culte du droit et de la loi, *la
Gazette des Tribunaux*, entre autres, en même temps
qu'ils annoncent que le magistrat instructeur a fait
comparaître devant lui les témoins tels et tels, osent
annoncer que ce même magistrat a eu, ensuite, « une
entrevue » avec le prince Pierre! Pour un rien, *la Ga-*

---

(1) Voici, d'après un de ces journaux, numéro du 21 janvier, le menu
d'un déjeuner donné par le *prince* à M. Conti, chef du cabinet de
l'Empereur : Le « prince » a déjeuné avec M. Conti et est resté *deux
heures* avec lui; le menu était composé de : croûte au pot, sole au
vin blanc, filet aux truffes, haricots panachés, fromage, dessert,
deux bouteilles de bordeaux fin. — Ce déjeuner avec M. Conti ou
même la simple visite du chef du cabinet de l'Empereur avait une
gravité qui ne pouvait échapper à personne, surtout venant après le
télégramme envoyé par l'accusé audit sieur Conti, aussitôt après le
meurtre; aussi ce déjeuner et cette visite ont-ils été démentis. Mais
il est difficile d'admettre qu'un journal, et surtout un journal
agréable, ait osé inventer les détails de cette visite et de ce déjeuner; il est donc permis d'y voir une indiscrétion plutôt qu'un mensonge.

zette des Tribunaux annoncerait que S. A. le prince
Pierre Buonaparte a daigné donner audience à
M. d'Oms, président de la Chambre des mises en accu-
sation de la Haute Cour criminelle!

Tous ces agissements ne pouvaient manquer, on le
comprend sans peine, de donner le ton aux prostitués
de la presse stipendiée. Ils l'ont pris à un diapason qui
a dû combler, sinon même dépasser les espérances de
l'accusé et de son auguste famille. Sous leur plume,
vierge de toute pudeur comme de toute vérité, le drame
change complétement de couleur, les acteurs changent
de rôle et de caractère, les victimes deviennent des
agresseurs ; le meurtrier est représenté comme un loyal
chevalier, qui s'est courageusement et noblement défendu ; il ne s'en faut que de l'épaisseur d'un cheveu
qu'on en fasse un héros. Beaucoup de gens, dit-on,
sollicitent « l'honneur » d'être admis auprès de lui
pour lui adresser « leurs félicitations, » et nous savons
de source *certaine* que, dans certain palais, on félicite,
en effet, et l'on félicite très-hautement l'assassin de
Victor ; si l'on regrette quelque chose, c'est uniforme-
ment qu'il n'ait débarrassé la société que d'une seule
« canaille! » Les citations que nous ferons au chapitre
de *l'instruction* prouveront surabondamment que nous
n'exagérons rien, et qu'on ne peut même rien exagérer
quand on parle des excès auxquels se livrent les souteneurs de l'impérial meurtrier. L'un des journaux
officieux, si ce n'est plusieurs, car nous ne les avons
pas tous lus, s'est même cru autorisé à publier que
l'Impératrice manifestait toute sa sympathie pour son
cousin Pierre, pour qui elle en a ordinairement très-
peu, et qu'elle l'avait honoré du titre de « noble cœur. »

Le journal agréable n'a pas reçu de communiqué rectificatif.

Il n'est que trop naturel que, dans de semblables conditions, le public manque de toute confiance dans la juridiction qui doit prononcer sur le caractère de l'homicide commis par Pierre Buonaparte. Si un député a fidèlement traduit la pensée publique en disant du haut de la tribune nationale qu'en matière politique, et même d'une manière générale, la justice est suspecte au pays (1), à combien plus juste titre ne l'aurait-il pas pu dire d'une justice exceptionnelle, d'une justice qui n'est pas même inamovible, car tous les magistrats

---

(1) Voir le compte rendu de la séance du Corps législatif du 9 février 1870.

M. FERRY. — M. le ministre de la justice me répond que la justice informe. La justice, en pareille matière, m'est souverainement suspecte. (Cris : à l'ordre! à l'ordre!)

M. LE PRÉSIDENT. — M. Ferry, je vous rappelle à l'ordre.

M. FERRY. — Vous parlez d'ordre et vous me rappelez à l'ordre. Le premier besoin dans un pays, c'est l'ordre moral, et l'ordre moral repose sur la sincérité. Eh bien! veuillez me laisser le dire en honnête homme à d'honnêtes gens : en matière politique, dans ce pays, il n'y a pas de justice..... (Nouveaux cris : à l'ordre!) car dix-huit ans de despotisme..... (A l'ordre! à l'ordre!)

M. LE PRÉSIDENT. — Je constate que les dernières paroles prononcées par M. Ferry n'ont pas été entendues.

M. FERRY. — Puisqu'elles n'ont pas été entendues, je vais les répéter : J'ai dit, et j'ai dit en homme d'honneur, en homme qui connaît les choses dont il parle.....

M. LE PRÉSIDENT. — Ne vous passionnez pas tant, M. Ferry.

M. FERRY. — Je vais le redire; cela est bon à entendre et à répéter : J'ai dit que de tous les maux que dix-huit ans de pouvoir personnel ont infligés à ce pays-ci, le plus grand, c'est l'avilissement de la magistrature. (Bruyantes réclamations; — cris : à l'ordre! à l'ordre!)

en sont choisis, chaque année, par le chef du pouvoir exécutif; d'une justice dont les débats sont publics, mais dont l'instruction est et demeure secrète! On ne saurait se le dissimuler, le sentiment qu'inspire à peu près universellement cette justice, est un sentiment de défiance, et quand on considère surtout la pression excessive que la presse mercenaire s'efforce d'exercer sur elle, on n'ose pas espérer que la vérité puisse jaillir de débats préparés par une instruction pleine de mystères. Les appréhensions que le public éprouve seront-elles justifiées? Nous ne voulons pas l'affirmer catégoriquement, à l'avance; mais il suffit que ces appréhensions soient légitimes, et elles ne le sont malheureusement que trop, pour que chaque citoyen ait le droit et même le devoir d'apporter au tribunal de l'opinion publique toutes les lumières qu'il croit posséder sur ce drame sinistre, probablement sans analogue dans les annales du crime.

Tel est l'objet de cet opuscule. En l'écrivant, l'auteur n'a pas cherché à comprimer un instant la profonde antipathie que lui inspire le triste héros d'Auteuil; mais il a néanmoins la conscience que cette antipathie n'a en rien altéré ni l'exposé des faits, ni les conséquences qu'il en a déduites. Dans les faits, surtout, il s'est efforcé de distinguer avec soin ceux qui sont certains de ceux qui sont probables ou douteux, mettant ainsi chaque lecteur en mesure de tirer lui-même les conséquences qui lui paraîtront les plus légitimes et de rectifier, ainsi, s'il y a lieu, celles de l'auteur.

A côté de l'instruction secrète, soustraite au jugement du public, les citoyens qui cherchent sincèrement la lumière trouveront, dans le présent travail, une sorte d'instruction publique, qui leur fera mieux comprendre et apprécier les débats.

II

L'HISTORIQUE

Le drame d'Auteuil, c'est là un de ses caractères les plus importants, n'est pas le résultat d'une rencontre fortuite, imprévue : il a été en quelque sorte préparé par une série d'actes connus de tout le monde, mais dont il est nécessaire de se bien fixer dans l'esprit l'exacte succession.

C'est en Corse qu'ont eu lieu les premiers de ces actes. Un écrivain distingué, bâtonnier de l'ordre des avocats près la Cour de Bastia, M. Louis Tommasi, a fondé dans cette ville un journal républicain intitulé : *la Revanche*. On comprend, d'après son titre seul, que ce journal n'était pas voué au culte de l'homme de Brumaire; dans divers articles, l'homme et sa famille étaient jugés avec une sévérité qui n'excluait pas la justice, car cette sévérité sera incontestablement celle de l'histoire. Mais elle ne fut pas du goût de Pierre Buonaparte. Quoique devenu étranger à la vie publique, par incapacité autant que par vice de tempérament, il crut devoir se mêler, on ne s'explique guère pourquoi, à la polémique soutenue par *la Revanche*. Un autre journal, *l'Avenir de la Corse*, défend les intérêts buonapartistes; Pierre Buonaparte écrivit à M. Jean della Rocca, rédacteur de ce journal, la lettre qu'on va lire, et qui parut dans le numéro du 30 décembre de *l'Avenir de la Corse.*

Je pourrais multiplier les faits propres à faire battre le cœur de tous les enfants de la vieille Cirnos, ce *nido d'allori*, nid de lauriers, comme on l'a dit justement; mais, pour quelques malheureux *furdani* de Bastia, à qui les *niolini* du marché devraient se charger d'appliquer une leçon *touchante;* pour quelques lâches Judas, traîtres à leur pays et que leurs propres parents eussent autrefois jetés à la mer dans un sac; pour deux ou trois nullités, irritées d'avoir inutilement sollicité des places, que de vaillants soldats, d'adroits chasseurs, de hardis marins, de laborieux agriculteurs la Corse ne compte-t-elle pas qui abominent les sacriléges et qui leur eussent déjà mis « *le stentine per le porrette,* » LES TRIPES AUX CHAMPS, si on ne les avait retenus.

Laissons ces *vittoli* à l'opprobre de leur trahison; et qu'il me soit permis de rappeler un mot d'un diplomate américain qui, à propos des ordures que certains journaux et pamphlets ont jetées à la colonne, disait que la France elle-même, ce grand pays, est plus connue dans l'univers par Napoléon que Napoléon par la France.

Napoléon n'a fait que son devoir quand il a mis son génie et toutes ses facultés au service de la France, qui l'en a largement récompensé par le culte voué à sa mémoire, culte dont le vote du 10 décembre a été la sublime manifestation; mais, je le dis, pour répondre aux ignorants et aux libellistes de mauvaise foi, il n'est pas moins vrai que tous les écrivains militaires, français et étran-

gers, faisant autorité, conviennent qu'en 1796 la France
était définitivement vaincue sans Bonaparte.

Malgré *les escargots* rampant sur le bronze pour le
rayer de leur bave, l'auréole du grand homme ne sera
point ternie, et s'il était possible de supposer un instant
qu'elle le fût, ses détracteurs, mauvais patriotes, ne seraient parvenus qu'à amoindrir la France de sa plus glo-
rieuse illustration.

Que les Corses ne se préoccupent donc pas du disparate
que d'infimes folliculaires de Bastia tentent vainement
d'établir dans des sentiments unanimes qui ont atteint le
niveau d'une religion nationale.

Que le pouvoir n'amène pas son pavillon, en consentant
à des combinaisons qui confieraient les affaires du pays à
ceux qui ne professent pas sincèrement cette religion.

Que Dieu inspire ceux qui, d'une main ferme, élèveront
nos aigles au-dessus des empiétements étrangers et des
discordes intestines, — et que notre chère Corse soit toujours fière de sa solidarité avec la France et avec son élu.
— *Evviva li Nostri!*

Je vous serre la main et je suis votre affectionné.

P.-N. Bonaparte.

Nous aurons à revenir sur cette lettre; pour le moment, nous ferons seulement remarquer que ce n'est pas
en menaçant des adversaires de « *mettre leurs tripes aux
champs* » qu'on peut espérer de les ramener ou même
d'adoucir le ton de leur polémique. Les réponses suivantes insérées, l'une dans *la Revanche*, l'autre dans *la
Marseillaise*, de Paris, ne s'expliquent donc que trop
naturellement :

La renommée aux mille voix nous avait appris déjà les
brillants faits et gestes de M. Pierre-Napoléon Bonaparte;

mais nous n'avions jamais pu apprécier, comme aujourd'hui, les fleurs de sa rhétorique, l'aménité de son style, la noblesse de ses pensées, la générosité de ses sentiments.

Non, cet aigle n'est pas né, il n'a pas grandi dans un nid de lauriers !

Non, ce prince n'est pas Corse !

Il traite de mendiants (*furdani*) des hommes qui n'ont jamais frappé ni à sa porte ni à celle d'aucun Bonaparte ; il qualifie de traîtres (*vittoli*) des citoyens indépendants qui pourraient lui donner des leçons de patriotisme.

Non, ce furibond n'est pas un brave, puisqu'il injurie des adversaires politiques qui ont au moins le mérite de la sincérité, puisqu'il invective des citoyens qui n'ont aucun compte à lui rendre et ne lui reconnaissent aucune supériorité.

Prince Pierre-Napoléon Bonaparte, avez-vous oublié ce que vous écriviez aux citoyens de la Corse le 12 mars 1848 (1) ? — Alors, vous étiez aussi pauvre que nous et vous veniez mendier nos suffrages ; alors vous étiez plus républicain que nous, car vous voyiez dans le gouvernement de la république le moyen de faire fortune.

Nous sommes des Judas, nous qui restons fidèles à notre passé, à notre drapeau, à nos serments, à notre religion politique.

Nous sommes des traîtres à notre pays, nous qui, en 1848, avons eu la naïveté de croire à la sincérité des professions de foi des Bonaparte !

Nous sommes des nullités irritées d'avoir inutilement sollicité des places !

Prince Pierre-Napoléon Bonaparte, si cela est vrai, vous devez en produire la preuve ; sinon, savez-vous comment s'appellent ceux qui disent le contraire de la vérité ?

---

(1) On trouvera plus loin cet écrit.

Prince Pierre-Napoléon Bonaparte, nous sommes des ignorants, mais quand vous voudrez recevoir une leçon d'histoire et de droit, nous vous prouverons, le *Bulletin des lois* à la main, que Napoléon Bonaparte, premier consul, que Napoléon Ier, empereur, a commis des actes de tyrannie atroce.

. . . .

. Au surplus, nous prenons acte des extravagantes menaces que nous adresse M. Pierre-Napoléon Bonaparte. — Nous prenons la France à témoin de cette provocation insolente, et nous en laissons à notre adversaire toute la responsabilité.

LOUIS TOMMASI,
Bâtonnier de l'ordre des avocats près la Cour de Bastia

Les lignes qui terminent cette réponse à la lettre de Pierre Buonaparte ne furent pas de vaines paroles. M. Paschal Grousset, correspondant, à Paris, de *la Revanche*, Corse comme les rédacteurs de ce journal, et, en outre, rédacteur du journal *la Marseillaise*, releva pour son propre compte, les menaces de Pierre Buonaparte, de la façon que nous ferons connaître dans un instant. Il nous faut dire d'abord que Pierre Buonaparte, offensé et irrité de la réponse de M. Tommasi, chargea deux de ses amis de lui demander raison. Voici dans quels termes il formula leur mandat :

. Je prie mes témoins, MM. Paul de Cassagnac et Jean della Rocca, de faire savoir directement à M. Tommasi :

Que je crois trop au-dessous de moi d'engager une polémique quelconque avec un individu de son espèce.

Cependant que je suis *bon prince*, et que M. Tommasi, parlant de son courage, je suis prêt, pour le mettre à l'épreuve, de faire la moitié du chemin d'ici à Bastia, et

que *je compte lui faire une boutonnière* que Versini, malgré tout son talent, ne pourra pas raccommoder.

A propos d'Arena, j'ajoute que la cause de la haine de
ce grand coupable pour le grand homme était que celui-ci
avait passé un marché frauduleux de 600,000 francs, par
lequel Arena (1) voulait fournir à nos soldats des chaus-
sures à semelles de carton.

P.-N. Bonaparte,

Paris, 8 janvier 1870.

Dans tout ce qui précède, la polémique et la querelle
se passaient entre Pierre Buonaparte et les rédacteurs
de *la Revanche*. Mais l'un de ces rédacteurs, avons-nous
dit, était aussi rédacteur de *la Marseillaise;* ce dernier
journal se mêla bientôt au débat, et, avant même
que des provocations eussent été échangées, il publia
l'article qu'on va lire, intitulé : *la Famille Bonaparte.*

Il y a dans la famille Bonaparte de singuliers personnages dont l'ambition enragée n'a pu être satisfaite, et qui,
se voyant relégués systématiquement dans l'ombre, sè-
chent de dépit de n'être rien et de n'avoir jamais touché
au pouvoir. Ils ressemblent à ces vieilles filles qui n'ont
pu trouver de mari et pleurent tous les amants qu'elles
n'ont pas eus.

Rangeons dans cette catégorie de malheureux écloppés
le prince Pierre-Napoléon Bonaparte qui se mêle d'écrire

---

(1) Nous ne savons à quel Arena fait allusion le prince d'Auteuil.
Si c'est à celui qui fut impliqué dans un prétendu complot contre la
vie du premier Consul, ce nom rappelle l'un des crimes les plus
infâmes de Nabulione Buonaparte, dit Napoléon, et il faut que le
sieur Pierre soit bien ignorant de l'histoire ou qu'il compte bien sur
l'imbécilité du public, pour oser rappeler le nom d'Arena.

et de faire du journalisme à ses heures. Il habite en Corse, où il fait la guerre à la démocratie radicale ; mais il y remporte plus de Waterloo que d'Austerlitz. *La Revanche*, journal démocratique de la Corse, nous initie à ces défaites et nous donne un échantillon des articles du soi-disant prince.

Irrité de voir les idées républicaines envahir le sol natal de sa famille, le prince a publié dans un journal traitant de matières politiques sans en avoir le droit, une lettre longue de deux toises, où il menace ses adversaires de les faire éventrer :

« Que de vaillants soldats, d'adroits chasseurs, de hardis marins, de laborieux agriculteurs, la Corse ne compte-t-elle pas, qui abominent les sacrilèges et qui leur eussent déjà mis « *le stentine per le porrelte* » les tripes aux champs, si on ne les avait retenus. »

Comme on voit, le prince n'y va pas de main-morte. Grattez un Bonaparte, vous verrez apparaître la bête féroce.

Non contents de nous blesser dans notre conscience, dans nos souvenirs, de nous diminuer dans nos biens, ces gens-là nous insultent et se flattent de retenir leurs *bravi* prêts à nous éventrer !

Le vote du Dix Décembre paraît au prince Pierre-Napoléon Bonaparte une sublime manifestation. La manifestation de la lassitude et de la peur, qui... — mais les temps sont changés, avouons-le ; nous sommes loin d'être las. C'est ce que le rédacteur en chef de *la Revanche*, M. Louis Tommasi, bâtonnier des avocats près la Cour de Bastia, a très-bien répondu à ce fanfaron de la famille impériale, qui se croit encore sous le régime du bon plaisir, comme sous Napoléon Ier.

Menacer quelqu'un de lui arracher les tripes, ce n'est pas prouver qu'il a tort : les bons arguments sont toujours préférables aux actes de violence et de brutalité.

Au surplus, nous prenons acte des extravagantes menaces que nous adresse M. Pierre-Napoléon Bonaparte. Nous prenons la France à témoin de cette provocation insolente, et nous en laissons à notre adversaire toute la responsabilité.

La nation est juge, en effet, dans de pareils procès. Que pensera-t-elle de ce qui précède quand elle saura que ce Pierre-Napoléon Bonaparte est le même qui, en 1848, adressait aux Corses une proclamation républicaine où nous trouvons des protestations, des offres, des serments comme on n'en peut trouver que dans les proclamations de celui qui est Napoléon III par la grâce de ses serments violés et de ses coups d'État?

Tout habitué qu'on soit aux palinodies, on peut trouver étrange qu'un homme ait dit il y a vingt ans : « *Mon père était un républicain; je le suis donc par conviction, par instinct, par tradition,* » et que ce même homme traite, aujourd'hui, de traîtres « que leurs parents eussent autrefois jetés à la mer dans un sac » les citoyens qui sont restés fidèles, eux, à leurs convictions, à leurs instincts, à leurs traditions!

Par bonheur, la cruelle expérience du passé nous donne pour l'avenir des règles de conduite. Que la future République se garde de tout ce qui porte le nom de Bonaparte, de tout ce qui touche de près ou de loin aux princes, aux rois, aux empereurs! Et que la Corse continue sa vaillante propagande démocratique. La France, sa mère adoptive, ne lui en voudra plus d'avoir produit les Napoléon.

ERNEST LAVIGNE.

Si la réponse de M. Tommasi avait allumé la colère de Pierre Buonaparte, on peut deviner l'effet que put produire sur lui l'article de *la Marseillaise*. Quand il en eut pris connaissance, il adressa la lettre suivante, non au signataire de l'article, comme cela paraissait naturel, mais à **M. Henri Rochefort**, rédacteur en chef du journal :

> Monsieur,
>
> Après avoir outragé, l'un après l'autre, chacun des miens, et n'avoir épargné ni les femmes ni les enfants, vous m'insultez par la plume d'un de vos manœuvres.
>
> C'est tout naturel, et mon tour devait arriver.
>
> Seulement, j'ai peut-être un avantage sur la plupart de ceux qui portent mon nom : c'est d'être un simple particulier, tout en étant Bonaparte.
>
> Je vais donc vous demander si votre encrier se trouve garanti par votre poitrine, et je vous avoue que je n'ai qu'une médiocre confiance dans l'issue de ma démarche.
>
> J'apprends, en effet, par les journaux, que vos électeurs vous ont donné le mandat impératif de refuser toute réparation d'honneur et de conserver votre précieuse existence.
>
> Néanmoins, j'ose tenter l'aventure, dans l'espoir qu'un faible reste de sentiment français vous fera vous départir, en ma faveur, des mesures de prudence et de précaution dans lesquelles vous vous êtes réfugié.
>
> Si donc, par hasard, vous consentez à tirer les verrous qui rendent votre honorable personne deux fois inviolable, vous ne me trouverez ni dans un palais, ni dans un château; j'habite tout bonnement, 59, rue d'Auteuil, et je vous promets que si vous vous présentez, on ne dira pas que je suis sorti.
>
> En attendant votre réponse, j'ai encore l'honneur de vous saluer.
>
> PIERRE-NAPOLÉON BONAPARTE.

M. Henri Rochefort, 9, rue d'Aboukir, Paris.

Nous aurons à revenir ultérieurement sur la forme

inusitée de cette lettre. Bornons-nous à dire, pour le moment, que datée du 7 janvier, elle ne parvint que le 8 au soir ou le 9 au matin à M. Rochefort, qui chargea deux de ses collaborateurs, MM. Arthur Arnould et Millière, d'aller s'entendre avec Pierre Buonaparte.

Ainsi, dans la journée du 9 janvier, les choses s'étaient compliquées de telle sorte qu'il y avait trois provocations de lancées, savoir : deux par Pierre Buonaparte, l'une à M. Tommasi, l'autre à M. Rochefort, et une par M. Paschal Grousset à Pierre Buonaparte.

Ce furent les témoins de M. Paschal Grousset, MM. Ulric de Fonvielle et Victor Noir, qui arrivèrent les premiers auprès du cousin de l'Empereur. Ils furent admis auprès de lui et lui présentèrent la lettre suivante :

Paris, le 9 janvier 1870.

A Messieurs Ulric de Fonvielle et Victor Noir, rédacteurs de LA MARSEILLAISE

Mes chers amis,

Voici un article récemment publié, avec la signature de M. Pierre-Napoléon Bonaparte et où se trouvent, à l'adresse des rédacteurs de *la Revanche*, journal démocratique de la Corse, les insultes les plus grossières.

Je suis l'un des rédacteurs fondateurs de *la Revanche*, que j'ai mission de représenter à Paris.

Je vous prie, mes chers amis, de vouloir bien vous présenter en mon nom chez M. Pierre-Napoléon Bonaparte et lui demander la réparation qu'aucun homme de cœur ne peut refuser dans ces circonstances.

Croyez-moi, mes chers amis, entièrement à vous.

PASCHAL GROUSSET.

C'est après avoir remis cette lettre, que M. Ulric de
Fonvielle et Victor Noir reçurent, de Pierre Buonaparte, l'un une balle dans le cœur, l'autre deux balles
dans son vêtement. Dans quelles circonstances ce
meurtre et cette tentative de meurtre ont-ils été commis? C'est ce qu'il s'agit maintenant de rechercher.

III

LE RÉCIT

L'horrible drame d'Auteuil n'a pas eu de spectateurs.
Des trois acteurs l'un a cessé d'exister, sans avoir pu
proférer une parole depuis le coup mortel qu'il a reçu;
il ne nous reste donc, pour nous renseigner, que la narration du meurtrier et celle du témoin qui a failli être une
seconde victime, c'est-à-dire deux versions dont la
passion et l'intérêt peuvent, quoique à des degrés divers, altérer la rigoureuse exactitude. Transcrivons
d'abord les deux versions, nous verrons ensuite si leur
critique rigoureuse et leur confrontation avec quelques
faits indubitables et quelques témoignages positifs ne
permettent pas de discerner, avec une entière certitude,
où se trouve la vérité.

Récit de M. de Fonvielle.

Le 10 janvier, à une heure (1), nous nous sommes rendus, Victor Noir et moi, chez le prince Pierre Bonaparte, rue d'Auteuil, 59; nous étions envoyés par M. Paschal Grousset pour demander au prince Pierre Bonaparte raison d'articles injurieux contre M. Paschal Grousset, publiés dans *l'Avenir de la Corse*.

Nous remîmes nos cartes à deux domestiques qui se trouvaient sur la porte; on nous fit entrer dans un petit parloir au rez-de-chaussée, à droite. Puis, au bout de quelques minutes, on nous fit monter au premier étage, traverser une salle d'armes, et enfin pénétrer dans un salon.

Une porte s'ouvrit, et M. Pierre Bonaparte entra.

Nous nous avançâmes vers lui, et les paroles suivantes furent échangées entre nous :

— Monsieur, nous venons de la part de M. Paschal Grousset vous remettre une lettre.

— Vous ne venez donc pas de la part de M. Rochefort, et vous n'êtes pas de ses manœuvres ?

— Monsieur, nous venons pour une autre affaire, et je vous prie de prendre connaissance de cette lettre.

Je lui tendis la lettre; il s'approcha de la fenêtre pour la lire, et, après l'avoir froissée dans ses mains, il revint vers nous.

— J'ai provoqué M. Rochefort, dit-il, parce qu'il est le porte-drapeau de la crapule. Quant à M. Grousset, je n'ai

---

(1) *Une heure* et quelques minutes est l'heure où les témoins sont partis de la rue d'Aboukir; ils ne sont arrivés chez Pierre Buonaparte qu'à deux heures. Nous faisons cette remarque pour qu'on ne puisse pas croire à une contradiction à propos de l'heure indiquée par M. de Fonvielle et celle que nous donnons nous-même.

rien à lui répondre. Est-ce que vous êtes solidaires de ces charognes !

— Monsieur, lui répondis-je, nous venons chez vous loyalement et courtoisement remplir le mandat que nous a confié notre ami.

— Êtes-vous solidaires de ces misérables?

Victor Noir lui répondit :

— Nous sommes solidaires de nos amis.

Alors, s'avançant subitement d'un pas, et sans provocation de notre part, le prince Bonaparte donna, de la main gauche, un soufflet à Victor Noir, et en même temps il tira un revolver à dix coups qu'il tenait caché et tout armé dans sa poche, et fit feu à bout portant sur Noir.

Noir bondit sous le coup, appuya ses deux mains sur sa poitrine, et s'enfonça dans la porte par où nous étions entrés.

Le lâche assassin se précipita alors sur moi et me tira un coup de feu à bout portant.

Je saisis alors un pistolet que j'avais dans ma poche, et, pendant que je cherchais à le sortir de son étui, le misérable se rua sur moi ; mais lorsqu'il me vit armé, il recula, se mit devant la porte, et me visa.

Ce fut alors que, comprenant le guet-apens dans lequel nous étions tombés, et me rendant compte que, si je tirais un coup de feu, on ne manquerait pas de dire que nous avions été les agresseurs, j'ouvris une porte qui se trouvait derrière moi, et je me précipitai en criant à l'assassin.

Au moment où je sortais, un second coup de feu partit et traversa de nouveau mon paletot.

Dans la rue, je trouvai Noir qui avait eu la force de descendre l'escalier, — et qui expirait.....

Voilà les faits tels qu'ils se sont passés, et j'attends de ce crime une justice prompte et exemplaire.

ULRIC DE FONVIELLE.

Récits de Pierre Buonaparte.

Nous écrivons récits au pluriel, parce que deux amis du prince qui, tous les deux, *ont copié* la même relation, *écrite tout entière de la main du meurtrier*, en ont publié deux copies qui ne sont pourtant nullement identiques. Cette circonstance est importante, elle est entourée de détails qui demandent toute l'attention de quiconque cherche sincèrement la vérité.

L'une des deux copies du récit de Pierre Buonaparte a été publiée par M. Théodore de Grave, rédacteur du journal *le Figaro*, et accompagnée de remarques que nous ne devons point passer sous silence. Voici donc les remarques et la copie du rédacteur du *Figaro* :

Un des premiers j'appris l'événement; et sans tenir compte, bien entendu, des commentaires qui déjà faisaient un chemin rapide, j'allai immédiatement chez *un ami du prince*, et nous nous dirigeâmes aussitôt vers Auteuil, où demeure Pierre Bonaparte, chez lequel nous étions convaincus d'avoir libre accès.

Je dois le dire, tant que dura le trajet, nous espérions, mon ami et moi, que la nouvelle était fausse, au moins exagérée; nous ne pouvions nous rendre compte d'une pareille brutalité, et toutes les réflexions que nous fîmes à ce sujet ne tendirent rien moins qu'à cette conclusion *sans réplique :* c'est qu'il fallait avoir été violemment insulté, outragé, pour qu'un homme se portât envers un autre homme à une semblable extrémité.

Ce fut sous l'empire de ces impressions douloureuses

que nous arrivâmes *vers trois heures* chez le prince
Pierre (1).

. . . .

Nous entrons; et aussitôt nous sommes introduits près
du prince, que nous trouvons entouré des siens et de
quelques amis, accourus en apprenant la sinistre nouvelle.

Je suis personnellement connu du prince Pierre ; *je tiens
à donner ce détail pour expliquer le ton de grande liberté
que j'ai prise*, dans cette circonstance, en lui parlant
comme suit :

— « Prince, lui dis-je, ce soir, demain, tous les journaux vont parler de cette affaire, les versions les plus
opposées vont circuler; voulez-vous me permettre de
vous donner un conseil?

— « Faites, je vous écoute.

— « Eh bien! je vous demande, sur votre honneur,
que tout ce que vous direz vous-même de cette affaire ne
soit que l'absolue vérité, quelles que puissent en être pour
vous les conséquences.

— « Ce que vous me demandez là, me dit-il, est d'autant plus facile que déjà, c'est-à-dire vingt minutes après
que les événements ont eu lieu, j'ai écrit, sous l'impression même du souvenir instantané, les faits tels qu'ils se
sont passés. Venez dans mon cabinet, ajouta-t-il, cette
narration est sur ma table de travail. »

J'entrai dans son cabinet, suivi de trois autres personnes. Pierre Bonaparte prit sur son bureau une grande
page écrite et me la remit :

— « Lisez tout haut, ajouta-t-il. »

Voici cette pièce, écrite en entier de la main du prince;

---

(1) Nous établirons plus loin que M. de Grave se trompe au
moins d'une demi-heure.

je la livre à la publicité, sans y ajouter un seul commentaire :

I. — « Ils se sont présentés, d'un air menaçant, *les mains dans les poches;* ils m'ont remis la lettre que voici :

(Suit la lettre de M. Paschal Grousset, rapportée ci-dessus. Voir page 22.)

II. — « Après la lecture de cette lettre j'ai dit : avec M. Rochefort, volontiers; avec un de ses manœuvres, non !

III. — « Lisez la lettre, a dit le grand (Victor Noir) d'un ton.....

IV. — « J'ai répondu : elle est toute lue; en êtes-vous solidaires ?

V. — « J'avais la main droite dans la poche de droite de mon pantalon, sur mon petit revolver à cinq coups; mon bras gauche était à moitié levé, dans une attitude énergique, lorsque le grand m'a frappé fortement au visage.

VI. — « Le petit (M. Ulric de Fonvielle) a tiré de sa poche un pistolet à six coups. J'ai fait deux pas en arrière et j'ai tiré sur celui qui m'avait frappé.

VII. — « L'autre s'est accroupi derrière un fauteuil, et de là cherchait à tirer, mais il ne pouvait armer son pistolet. J'ai fait deux pas sur lui et je lui ai tiré un coup qui ne doit pas l'avoir atteint. Alors, il s'est sauvé, et il gagnait la porte. J'aurais pu tirer encore, mais comme il ne m'avait pas frappé, je l'ai laissé aller, bien qu'il eût toujours son pistolet à la main. La porte restait ouverte. Il s'est arrêté dans la chambre voisine, en tournant son pistolet contre moi; je lui ai tiré un autre coup, et enfin il est parti. »

Je n'ajouterai aucune réflexion; ici je raconte et n'ai point mission d'exprimer de jugement.

Un instant après, et pendant que nous étions encore dans ce salon où avait eu lieu la scène que l'on vient de lire, est entré un commissaire de police qui a fait subir à Pierre Bonaparte un interrogatoire *verbal, c'est-à-dire sans qu'il ait été revêtu du caractère officiel.*

Le magistrat est parti, en faisant jurer au prince qu'il ne quitterait pas son habitation de la nuit.

Pendant tout le temps qu'a duré ma visite, son attitude a été la même que de coutume, et il a manifesté à plusieurs reprises le désir d'être soumis à la justice de son pays.

Quand nous sommes sortis, la foule s'était amassée devant la maison qu'habite le prince ; des sergents de ville circulaient aux environs, mais le quartier, très-ému, comme on se l'imagine, ne manifestait cependant aucun sentiment d'hostilité.

THÉODORE DE GRAVE.

Avant de transcrire la seconde copie, quelques très-courtes observations sont nécessaires sur le récit de M. de Grave :

PREMIÈRE OBSERVATION. — M. de Grave a fait sa copie *en présence du meurtrier et de trois autres personnes;* cette copie a donc toutes les garanties d'authenticité.

DEUXIÈME OBSERVATION. — M. de Grave est arrivé à Auteuil, ayant déjà tiré de réflexions communes à lui et à un ami du meurtrier, cette conclusion SANS RÉPLIQUE, « qu'il *fallait* avoir été violemment insulté, outragé, pour qu'un homme se portât envers un autre homme à une semblable extrémité. » La phrase est médiocre, mais la logique l'est bien davantage ; si M. de Grave est de bonne foi, comme je n'en doute pas, il avouera, assurément, qu'il ne s'est jamais douté de ce que peut être une « conclusion *sans réplique*. »

Troisième observation. — M. de Grave constate que, pendant que lui et les personnes qui entouraient le meurtrier étaient encore dans le salon où le meurtre a été commis, c'est-à-dire *vers trois heures*, un commissaire de police a fait subir un interrogatoire *verbal* à Pierre Buonaparte ; or, c'est une erreur qui, par la manière dont elle est racontée, pourrait être qualifiée autrement. Il est établi qu'aucun commissaire de police n'est entré chez Pierre Buonaparte, qu'aucun commissaire de police ne l'a interrogé.

Quatrième observation. — M. de Grave constate que de nombreux sergents de ville étaient à la porte de la maison de Pierre Buonaparte, dans la rue ; mais qu'il n'y en avait pas dans sa maison. Sur ce point M. de Grave ne s'est pas trompé, car le fait a été constaté par de nombreux témoins, et il est bon à retenir.

Voici maintenant la deuxième copie de l'écrit de Pierre Buonaparte ; celle-ci a été prise par un ami intime du prince, M. Paul de Cassagnac, et adressée par lui au journal *le Gaulois*, accompagnée de la lettre suivante :

Monsieur le Rédacteur,

Comme ami du prince Pierre-Napoléon Bonaparte, j'ai l'honneur de vous faire savoir qu'il vient, en ma présence, de se constituer prisonnier à la Préfecture de police.

De plus, j'ai tout lieu de croire que le prince désire réclamer pour lui la loi commune et la juridiction ordinaire, sans exciper aucunement des dispositions spéciales qui réglementent la situation des divers membres de la famille impériale.

Je joins à ce simple mot le récit de l'événement, *tel que le prince l'a écrit immédiatement après.*

Veuillez agréer, Monsieur, l'assurance de mes sentiments distingués.

PAUL DE CASSAGNAC.

Auteuil, ce lundi soir (10 janvier).

« Ils se sont présentés d'un air menaçant (Ulric de Fonvielle et Victor Noir), les mains dans les poches. Ils m'ont remis une lettre de M. Paschal Grousset, rédacteur de *la Marseillaise*, à qui je n'ai jamais eu affaire ; cette lettre était une provocation ainsi conçue :

(Suit la lettre de Paschal Grousset. Voir ci-dessus, page 22.)

« J'ai tout d'abord répondu : J'ai affaire à M. Rochefor et non à ses manœuvres. »

— « Lisez cette lettre » a dit M. Victoir Noir.

— « Elle est toute lue » ai-je répondu. » Puis j'ai ajouté : « En êtes-vous solidaires ? »

« Il m'a répondu par un soufflet, et immédiatement M. de Fonvielle, comme pour empêcher toute riposte de ma part, a sorti un pistolet. Me voyant ainsi attaqué et menacé, j'ai rapidement pris un pistolet de poche et j'ai fait feu sur M. Victor Noir. L'autre, M. de Fonvielle, s'est alors accroupi derrière un fauteuil, cherchant en vain, tout en m'ajustant, à armer son pistolet. J'ai fait feu sur lui sans résultat.

« Alors, il s'est sauvé, passant devant moi, sans que j'essaie de l'en empêcher, ce qui m'eût été facile. Mais, arrivé derrière la première porte, il m'a ajusté de nouveau. J'ai tiré une troisième balle, que le petit calibre de mon arme a dû également rendre inutile.

« Je me bornerai à ajouter que ces messieurs ont oublié, chez moi, une boîte à pistolets et une canne à épée; cela suffira à montrer que la lettre de M. Paschal Grousset n'était qu'un prétexte pour m'entraîner dans une embuscade parfaitement préparée. »

(*Le Gaulois*, 12 janvier 1870.)

Les différences essentielles qui existent entre ces deux copies d'*une même minute* frappent tous les yeux, à première vue; nous y insisterons longuement dans un autre paragraphe, car elles éclairent d'une vive lumière la question capitale que soulève le meurtre d'Auteuil. Pour le moment, il suffit de faire remarquer que les deux copies ont été faites, l'une par un ami du prince, l'autre par un ami de ses amis, et sous les yeux du prince lui-même. Il faut donc ou que l'un des copistes soit un imposteur, ou que ce soit le prince, à moins que ce ne soit à la fois le prince et le ou les copistes.

Les deux versions princières, quoique frappées de l'empreinte ineffaçable du mensonge, n'en trouvèrent pas moins des souteneurs crédules ou feignant de l'être. Les impudentes impostures de la presse policière provoquèrent de la part de M. de Fonvielle une seconde déclaration, complémentaire de la première, et dont voici le texte :

Nous ne pouvons maîtriser notre indignation en voyant la mémoire de notre malheureux frère, lâchement assassiné, souillée par la bave impure du servilisme.

Aussi, je le déclare sur mon honneur, — mon honneur dont personne n'a jamais douté :

Il est faux que Victor Noir ou moi nous ayons insulté, menacé ou frappé Pierre Bonaparte.

Il est faux que j'aie menacé le meurtrier de mon pistolet, car je portais alors cette arme enfermée dans son étui, dans la poche de mon paletot; ce n'est que lorsque ce sauvage se fut rué sur moi et m'eut tiré à bout portant un coup de feu que je pus saisir mon arme. N'est-il pas évident que, si j'eusse eu mon revolver à l'instant où l'assassin tirait sur Noir, je n'aurais peut-être pas pu sauver mon ami, tant l'agression fut prompte et imprévue, mais je l'aurais vengé sur-le-champ? N'est-il pas indiscutable aussi que, si j'avais tenu Pierre Bonaparte sous mon revolver, il se serait défendu contre moi tout d'abord et n'aurait pas songé à tirer sur Victor Noir, qui était sans armes?

Il est faux que mon doigt fût pris dans la gâchette de mon pistolet. Si je n'ai pas tiré sur celui qui venait de nous attaquer, mon malheureux ami et moi, avec une incroyable férocité, c'est que, ne pouvant sortir par la porte par laquelle nous étions entrés, puisque l'assassin la gardait, je n'avais que deux objectifs : 1° ménager mes coups pour lutter à outrance dans le cas où je ne trouverais pas d'issue; 2° ne tirer qu'à la dernière extrémité, afin que l'on ne pût m'accuser d'avoir attaqué le premier notre agresseur.

Si je me suis abrité derrière un fauteuil, c'est qu'il me fallait tirer mon revolver de son étui et l'armer.

Il est faux que j'aie été mis un seul moment en état d'arrestation.

Il est faux que la canne à poignard fût dans les mains de Victor Noir : elle m'appartenait et je la tenais de la main gauche avec mon chapeau, tandis que, de la main droite, je remettais la lettre de Paschal Grousset à Pierre Bonaparte.

Il est faux que Victor Noir fût armé : le pauvre garçon

tenait simplement, ainsi que moi, son chapeau à la main, ce qui démontre d'une façon absolue que nous ne pouvions avoir nos mains dans les poches.

Tous ceux qui ont présenté une version contraire à ces déclarations ont menti.

Voilà comment les circonstances du meurtre sont racontées par le meurtrier et l'unique témoin du drame, M. Ulric de Fonvielle. Voici, maintenant, ce qui se passa, le meurtre une fois commis, à l'extérieur de la maison du prince et chez le prince lui-même.

Après avoir reçu une balle dans la poitrine, Victor Noir avait repris le chemin qu'il avait suivi pour entrer ; il avait pu descendre l'escalier, gagner la porte cochère et la franchir ; mais en la franchissant, il était tombé sur le trottoir, la tête en avant. Deux laquais qui fumaient devant la porte de Pierre Buonaparte, témoins de cette chute, ne bougèrent pas. Deux amis de la victime, MM. Paschal Grousset et Sauton, qui se promenaient dans la rue, attendant l'issue de l'entrevue, remarquèrent la chute de Noir ; ils crurent à une chute accidentelle, coururent néanmoins pour le relever, et le trouvèrent expirant. Aidés de quelques hommes de bonne volonté qui se détachent de la foule amassée devant la maison, ils transportent Victor Noir dans la pharmacie la plus voisine (pharmacie Mortreux), à une centaine de mètres environ de la demeure de Pierre Buonaparte. On envoie chercher aussitôt M. le docteur Samazeuilh, qui demeure précisément dans la maison du pharmacien ; mais le malheureux Noir avait cessé de respirer avant l'arrivée du médecin, qui ne put que constater la mort.

Une huitaine de sergents de ville, qui stationnent devant la pharmacie, refusent d'aller chercher le commissaire de police pour qu'il fasse les constatations nécessaires. Un citoyen de bonne volonté se propose pour aller le chercher, et l'on accepte son offre. Il monte dans le fiacre de M. Grousset, et, au bout de 45 à 50 minutes, le fiacre ramène, non le commissaire, qui est allé, dit-on, prendre des ordres aux Tuileries, mais le secrétaire du commissariat, plus M. le Dr Pinel, ordinairement chargé des constatations médico-légales, dans ce quartier.

Ce médecin constate l'existence d'une perforation dans la poitrine au niveau du cœur ; le corps qui a produit cette perforation paraît avoir pénétré horizontalement. Le cœur a probablement été perforé, d'après le docteur Pinel ; un épanchement de sang dans le péricarde (enveloppe du cœur) en aura sans doute été la conséquence, et la mort sera survenue lorsque la compression causée par cet épanchement aura suspendu les mouvements du cœur. Les vêtements n'offrent aucune trace de brûlure autour de la perforation.

Pendant que le Dr Pinel procédait aux constatations et rédigeait son rapport, les docteurs Samazeuilh et Demange sont rencontrés à une certaine distance de la pharmacie, par M. Morel, médecin de Pierre Buonaparte. Les paroles suivantes furent échangées entre eux :

Le Dr Morel. — « Eh bien, voilà une affaire fort triste. »

Le Dr Samazeuilh. — « Oui, sans doute, fort triste, surtout pour ce pauvre jeune homme, qui ne devait guère s'attendre à être assassiné. »

Le Dr Morel. — « Assassiné, non ; l'affaire est surtout déplorable pour le prince qui a été frappé et obligé de se défendre. Il a la joue comme cela ! » — Et ce disant, M. Morel plaçait sa main étalée, à dix centimètres de la joue, comme pour figurer une tuméfaction énorme de cette région.

Le Dr Samazeuilh. — « En vérité! le prince a été frappé! il a la joue dans cet état! Mais ce que vous dites est de la plus haute importance pour lui; allez donc chercher notre confrère Pinel qui est encore à la pharmacie, et priez-le d'aller constater l'état de la joue du prince. Je vous le répète, cela est de la dernière importance pour votre client. »

Le Dr Morel ne perd pas de temps, et il va quérir incontinent le Dr Pinel, qui accepte la mission que vient lui proposer son confrère. Ils arrivent tous deux chez le prince Pierre, à trois heures et quelques minutes. M. Morel conduit M. Pinel par le petit escalier de la salle de billard et tous deux entrent dans le salon, où le prince se trouvait avec la princesse, sa femme. Il était dans un état d'exaltation extrême; il gesticulait et prononçait des phrases entrecoupées : « J'ai été attaqué! — Je n'ai fait que me défendre! — Il y a eu lutte! — Que faut-il que je fasse? »

Répondant à la dernière question, le Dr Pinel dit à Pierre : « Du moment que vous étiez en état de légitime défense, vous n'avez rien à craindre; ce que vous auriez de mieux à faire serait de vous constituer prisonnier sur-le-champ. »

— « Oui! oui! c'est mon intention! mais je viens

d'envoyer une dépêche à Conti; je vais voir ce qu'il va me répondre. »

Puis la rapide conversation suivante a lieu entre trois des quatre personnes présentes :

Le Dʳ Pinel. — Mon confrère me dit, monseigneur, que vous avez reçu un soufflet.

Pierre Buonaparte. — Un soufflet ! mais non, non !

Le Dʳ Morel. — Mais si fait, monseigneur, vous *devez* avoir reçu un soufflet; en voilà encore les traces derrière l'oreille.

Pierre Buonaparte. — Mais non, mais non !

Le Dʳ Pinel. — Je vois, en effet, une ecchymose derrière l'oreille gauche de monseigneur.

Le Dʳ Morel. — Mais oui, monseigneur a reçu un soufflet.

Pierre Buonaparte. — Allons, allons! assez, assez, taisez-vous, réplique Pierre Buonaparte d'un ton impératif et animé, et en faisant, de la main, le geste au Dʳ Morel de se taire et de ne pas insister.

Après ce geste, le Dʳ Pinel, qui n'a pu que voir la contusion située derrière l'oreille, sur l'apophyse mastoïde, qui n'a même pas été admis à la toucher, se retire, voyant qu'il n'avait rien à faire, que le prince ne lui demandait rien, et que son confrère Morel avait sans doute pris sur lui de venir le chercher. Il était d'ailleurs médiocrement rassuré par l'état d'exaltation où se trouvait Pierre Buonaparte.

La contusion observée par le Dʳ Pinel occupait toute la partie inférieure de l'apophyse mastoïde gauche, se prolongeant un peu jusque sous l'oreille ; elle était de forme circulaire, d'un diamètre approximatif d'une pièce de deux francs; elle était de couleur violacée, plus foncée dans sa moitié postérieure (c'est-à-dire du côté de l'occiput), que dans sa moitié antérieure (côté de l'oreille ou de la face). La joue gauche n'était le siége d'aucune rougeur anormale ni d'aucun gonflement.

Le séjour du Dr Pinel chez Pierre Buonaparte dura 10 minutes au plus; il en sortit vers 3 heures 15 ou 3 heures 20 minutes. Il repassa par la pharmacie où se trouvaient encore plusieurs personnes et notamment les amis de la victime. Le Dr Pinel déclara qu'il n'avait constaté aucune trace de soufflet, mais seulement une contusion qu'on pouvait attribuer à toute autre cause qu'au choc d'une main.

Le Dr Pinel a développé ultérieurement, dans les journaux, son opinion sur les causes possibles de cette contusion; il réduit ces causes aux cinq suivantes :

1° La contusion peut avoir été causée par une balle égarée, après plusieurs ricochets successifs, et devenue balle morte allant frapper le prince;

2° Des fragments de boiseries ou de plâtras, produits par la pénétration des balles égarées dans les murs, ont pu déterminer la même contusion;

3° Si la contusion était le résultat d'un soufflet, il aurait fallu que Victor Noir portât une bague chevalière;

4° La canne recueillie dans le salon, avec les pièces à conviction, aurait pu, par le pommeau seul, produire la contusion constatée sur la personne du prince Pierre;

5° La porte du salon donnant sur le billard, étant entr'ouverte au moment du meurtre, le prince a pu se frapper lui-même contre le chambranle de cette porte qui correspond au côté gauche de la face, en cherchant à atteindre M. Ulric de Fonvielle.

Nous verrons plus tard ce qu'il faut penser de ces

explications. Il nous suffit, pour le moment, d'avoir constaté les faits et d'avoir reproduit les versions qui en ont été données.

Pour juger ces versions, pour apprécier, par conséquent, le caractère de l'homicide commis par le prince Pierre Buonaparte, il n'est pas sans intérêt de connaître le caractère, les antécédents de ce personnage et des deux mandataires qui avaient été envoyés auprès de lui. Nous allons donc résumer, le plus brièvement possible, les faits essentiels de leur vie.

VICTOR NOIR

Victor Noir sortait à peine de l'adolescence, — il avait vingt et un ans et demi, — quand il a été frappé mortellement par la balle de Pierre Buonaparte; il ne pouvait donc avoir un long passé. Cependant, les difficultés de la vie, toujours grandes pour l'enfant du peuple qui tente de sortir de la glèbe où le sort l'a jeté, ont successivement et rapidement placé Victor Noir dans les situations diverses les plus propres à faire ressortir les défauts et les qualités qui ont le plus d'intérêt pour l'histoire du crime d'Auteuil.

Le nom de Noir n'est pas celui de la famille de Victor. Son père, descendant d'une ancienne famille israélite, convertie au christianisme, il y a quelque deux cents ans, s'appelle Salmon. Après avoir exercé deux ou trois professions en province, entre autres celle d'horloger, vint s'établir à Chaillot, en cette dernière qualité.

Le nom de Noir avait été pris comme pseudonyme par le fils aîné de Salmon et gardé ensuite définitivement par lui lorsque quelques travaux littéraires remarqués eurent recommandé ce nom à l'attention publique.

Le jeune Victor, livré à lui-même dès son enfance, fréquenta l'école avec l'assiduité que comporte une entière liberté donnée à un bambin de huit à dix ans; mais ce qui ne se démentit jamais chez lui, c'est l'amour qu'il avait pour cette liberté et le vif désir qu'il montrait de la posséder plus entière encore, en gagnant de quoi subvenir à ses besoins. C'est, emporté par ce désir impérieux, qu'il se trouva lui-même un emploi; il entra, à treize ans, dans une maison de fleurs artificielles et de plumes, en qualité de placier. Il n'était guère plus versé dans la connaissance des plumes et des fleurs, qu'il n'était ferré sur les humanités; mais il était riche d'entrain et d'imagination, et le jeune placier amena plus d'affaires à sa maison que n'aurait pu le faire un placier classique de trente ans. Prenant bientôt un certain goût à une industrie, qui, par la fantaisie, le caprice qu'elle comporte, confine aux frontières de l'art, Victor fournit à la fabrication plusieurs idées qui eurent du succès, et c'est à lui, paraît-il, que furent dus les premiers chapeaux de nos élégantes, ornés de plumes de faisan; à la suite de notre charmant gallinacé, toute l'ornithologie se percha bientôt sur la tête des belles à la mode et, plus tard, de toutes les belles connues et inconnues.

Les plumes et les fleurs avaient déjà montré un côté de l'imagination et de l'activité de Victor, et lui avaient permis de payer son logement et sa nourriture. Mais ces premiers succès ne lui suffisaient pas. Stimulé par les succès d'un autre genre, que son frère aîné, Louis Noir, avait obtenus dans la littérature, après sa libération du service militaire, une autre ambition hantait son esprit. Il se mit à fréquenter les artistes et les hommes de lettres naissants, qui cherchent à déployer leurs ailes. Cela lui fit négliger un peu le commerce, et causa, non une rupture, mais une séparation très-amicale entre lui et son patron.

Sans se douter beaucoup encore de ce que pouvait bien être même l'orthographe, Victor s'essaya à écrire quelques *faits divers*, dont quelques-uns obtinrent un succès de fou rire, mais seulement auprès de ses amis. Ce métier ne valait pas celui de fleuriste, et alors, commença, pour Victor, cette vie de dures privations qu'il a supportées avec un courage d'autant plus inébranlable, qu'il était allié à la plus extrême gaieté. A un certain moment, cependant, le besoin le fit rentrer dans les fleurs; une grande maison de la rue Louis-le-Grand le reçut. Là, il se refit, rendit quelques services, puis, quitta de nouveau les fleurs et les plumes de faisan et d'autruche, pour les plumes d'oie ou de fer.

Il alla planter sa tente dans le quartier latin, dans un atelier resté légendaire, dans cette rue Mazarine, où l'on ne peut aller coucher, dit Balzac, que le soir où l'on veut faire son testament. Ce n'est pourtant pas à faire son testament que songeait Victor; il vivait dans toutes les illusions de l'espérance, et l'hospitalité, quoique très-peu somptueuse, qu'il trouva près du palais Mazarin, ne fit qu'exalter son intarissable gaieté. Victor connut là Tavernier, le peintre, Humbert, le socialiste,

3

Raoul Rigault, Francis Enne (qui lui prêta son lit et sa chambre pendant six semaines), Mendès, Villiers de l'Isle-Adam, etc., etc. Or, à cette fréquentation et à celle des bibliothèques, il formait bien peu à peu son bagage littéraire, mais sa bourse et même sa garde-robe n'y gagnaient rien, et l'une n'était pas en moins mauvais état que l'autre.

Enfin, en 1863, Victor fit connaissance de Carfort. Carfort était une bonne plume qui rédigeait les faits divers de *l'Époque;* mais si sa main était bonne, ses jambes ne valaient rien; Victor lui prêta les siennes, qui étaient excellentes : une association se forma : ce n'était pas l'association des membres et de l'estomac, mais celle des jambes et du cerveau; quant à l'estomac, il y était pour peu de chose, car les deux associés vivaient moyennant 120 fr. par mois!

En 1865, Carfort meurt du choléra. Victor lui donne les derniers soins et passe la nuit à côté de son cadavre; le lendemain, il rend les derniers devoirs à son ami, reçoit les invités et conduit le deuil, sans savoir ce qu'il deviendra lui-même le lendemain. Derrière le cercueil de son ami, Victor est rencontré par Vallès, chroniqueur de *l'Événement;* Vallès se l'attache, et l'un des meilleurs articles de sa chronique, celui des *violettes,* est sorti de la plume de Victor. Bientôt, il entre, à la recommandation de Vallès, dans le journal *l'Époque,* aux appointements de 50 fr. par mois. La première fois qu'il émarge, il prie qu'on le paie en un billet, parce qu'il veut le faire encadrer! Nous ne savons pas si ce fut le plus beau jour de sa vie, mais ce fut assurément un des plus beaux.

Sa place était petite, mais elle était faite; sa constance, son inaltérable bonne humeur, sa loyauté non moins inébranlable, son talent naissant, lui ouvraient désormais toutes les portes; toutes les mains étaient heureuses de rencontrer la sienne. Sa prose étant désormais acceptée sous son nom, il signait du nom de son frère — (qui était le nom de leur mère), — et il disait en riant : « Je lui ai pris son nom ; c'est moi qui ferai le sien. » Il aura contribué beaucoup, assurément, à rendre ce nom célèbre, mais ce n'est pas de cette façon que sa gaieté l'entendait !

En 1866, Victor Noir, — puisque c'est désormais son nom, — partit avec son frère pour se mêler aux volontaires de Garibaldi; il rencontra là Habeneck, Edmond Texier, d'autres encore, et tout en faisant son métier de volontaire, envoya d'intéressantes correspondances à la presse de Paris.

La guerre terminée, quelques excursions de touriste ont bientôt épuisé ses modestes économies, et il revient à Paris, à peu près dans l'état où il se trouvait à l'atelier de la rue Mazarine. Mais son frère lui ouvrit un crédit de trois mois dans une pension, un autre crédit chez un tailleur, et Victor rentra à *l'Époque*, fort bien équipé. Puis, il fut attaché par Weiss au *Journal de Paris*, qu'on a appelé le journal *des délicats;* même dans ce journal, d'une rédaction généralement fort châtiée, les chroniques du chroniqueur de dix-neuf ans furent remarquées, ce qui prouve les sérieux progrès littéraires qu'avait déjà fait Victor Noir. Le *Journal de Paris* pouvait à bon droit passer pour la dernière étape de l'apprenti journaliste; désormais, Victor a son brevet en bonne forme, quoique non signé Godefroy Cavaignac ou Armand Carrel. Il fraye avec tous les écrivains de la

grande et de la petite presse, et il a l'occasion de se
montrer à tous ce qu'il n'avait été encore que pour
quelques amis : disant à chacun ses vérités avec franchise, mais sans brutalité et même sans trop de malice,
quand les vérités n'étaient pas tout à fait mauvaises à
dire; démêlant les affaires et devinant les hommes avec
un flair des plus fins; déshabillant sans pitié certaines
personnalités; faisant des mots qui restaient; s'indi-
gnant contre toutes les lâchetés et toutes les tyrannies;
courant volontiers à la défense de toute cause perdue,
mais juste, et trouvant toujours des camarades ou des
compagnons, tant ses généreuses inspirations étaient
communicatives. Ces qualités se montrèrent au grand
jour dans *le Corsaire*, journal d'avant-garde fondé par
quelques jeunes hardis, Lermina en tête, puis dans *le
Satan*, puis dans *le Pilori*, que Victor Noir fonda lui-
même, dans la *Gazette de Java*, qu'il fonda aussi et dont
un seul numéro put paraître, dans *la Gazette secrète*,
dans *le Rappel*, enfin, dans *la Marseillaise*.

On ne donne pas carrière à des penchants de cette
espèce sans se heurter à des personnalités avec ou sans
raison susceptibles, à des caractères ombrageux, à des
natures basses, jalouses ou perverses. Victor Noir en
rencontra donc sur sa route, et comme ces bonnes âmes
sont les plus actives à propager leur opinion sur les
écrivains dont la plume est sincère; que leur opinion
est, naturellement, peu favorable, il n'y a rien d'étonnant qu'on ait tâché de faire à Victor Noir une réputation de méchanceté et de brutalité. Nous avons cité
bien des noms; nous aurions pu en citer beaucoup
d'autres qui l'ont connu dans l'intimité; de tous ces
noms, il n'en est pas un seul qui ne protestât haute-

ment, si on l'interrogeait, contre cette calomnieuse accusation.

Quelque bonne que soit ou que l'on croie la cause que l'on défend, on n'attaque pas avec force, dans la presse, les opinions fausses ou sincères des autres, sans recevoir soi-même, çà et là, quelques coups de boutoir. Victor Noir en a reçu plus d'un; il y a toujours répondu en journaliste, jamais en spadassin ni en portefaix. Ni dans la presse, ni ailleurs, ni dans son enfance, ni dans sa jeunesse, il n'a jamais frappé personne.....' Je dis personne à dessein, car ce n'est pas avoir frappé quelqu'un que de s'être oublié un jour jusqu'à faire sentir la vigueur de son bras, à un misérable insulteur de bas étage, ostensiblement soudoyé par la police, et dont un profond dégoût nous empêche même d'écrire le nom ou le pseudonyme. Non-seulement Victor Noir a toujours évité de se servir, pour attaquer, de sa force, qui était considérable, mais il a plus d'une fois montré avec quelle modération, avec quelle générosité il savait y renoncer, quand il aurait pu y recourir pour se défendre. Parmi tous les témoignages qu'on pourrait invoquer sous ce rapport, en voici un des plus précieux, qui a été spontanément et loyalement donné par M. Wolf, écrivain distingué, mais peu sympathique à la cause que défendait Victor Noir. Le fait que nous allons rappeler a été publié dans le *Figaro*, dont tout le monde connaît l'hostilité plus ou moins désintéressée aux idées libérales.

Un matin de l'hiver dernier, un jeune élégant, très-connu pour ses nombreuses querelles, se présenta à l'hôtel garni de la rue Geoffroy-Marie, où Victor Noir demeurait alors; le journaliste écouta son adversaire; quand il eut fini :

— « Monsieur, lui dit Victor Noir, qui ne consultait que son courage, je suis à vous, quand vous voudrez, comme vous voudrez. »

Et l'autre, levant sa canne plombée sur le jeune hercule, répondit :

— « Je me suis assez battu ; à présent, je bats les autres ! »

D'un seul coup de poing, Victor Noir eût pu étendre à ses pieds celui qui le menaçait de la sorte, dans son domicile.

Que fit-il ?

Il arracha la canne des mains de son adversaire, la brisa, s'assit dessus, croisa ses bras et dit :

— « A présent, causons, jeune homme ! »

Il faudra que le venin de la calomnie soit bien subtil pour faire une réputation de brutal à un hercule de vingt et un ans, capable d'une pareille modération, modération qui s'allie si souvent, du reste, à une force considérable.

Victor Noir a cependant poussé la modération plus loin encore ; s'il n'a jamais frappé, il a été souffleté deux fois dans sa carrière de journaliste, et les deux fois, alors qu'il aurait pu se venger à l'instant, et d'une manière terrible, l'outrage qu'il avait reçu, il se contenta de demander aux deux agresseurs une réparation par les armes, quoiqu'il eût toujours dédaigné de mettre le pied dans une salle d'armes, et qu'il sût à peine tenir une épée (1). Il est inutile d'ajouter que, dans ces deux

---

(1) Au point de vue où nous devons nous placer dans cette étude, nous avons cru ne devoir parler que de la générosité de Victor Noir pour ses adversaires ; nous n'en finirions pas si nous parlions de son

duels, Victor se conduit avec la courtoisie et la loyauté qu'on doit attendre de tout homme civilisé, en pareille conjoncture.

Quant à sa bravoure, elle était au-dessus de tout soupçon ; à notre avis, elle était insensée. M. Paul de Cassagnac, qui, dans l'affaire dont nous nous occupons, joue, ainsi qu'on le verra bientôt, un rôle assez équivoque et assez triste, M. Paul de Cassagnac était au nombre des antipathies, — le mot est même faible, — les plus profondes de Victor Noir, et, comme on peut bien le supposer, maintenant qu'on le connaît, Victor Noir ne dissimulait pas ses sentiments. M. Paul de Cassagnac, le lecteur ne l'ignore probablement pas, honore de sa personne l'ordre de la Légion d'honneur. « Dites de moi tout ce que vous voudrez, disait-il un jour, à ce qu'il paraît, à Victor Noir, mais ne touchez pas à ma croix. » M. Paul de Cassagnac a une légère réputation de spadassin ; il est tout au moins un bretteur avéré, et Victor Noir, nous l'avons dit, ne savait pas tenir une épée ; il n'en imprima pas moins, le lendemain de la défense qu'on vient de lire, la phrase suivante :

---

inépuisable bonté pour ses amis. Voici pourtant un trait vraiment trop touchant pour que nous pensions pouvoir le passer sous silence ; il est raconté par M. Lermina, le même avec qui Victor Noir fonda *le Corsaire* : « Le 2 novembre (1868), dit-il, nous fûmes arrêtés au cimetière Montmartre avec Sauton, Kinceler et bien d'autres. On nous fit passer la nuit au poste Drouot sans nourriture ni boisson. Il fallait voir la gaieté de Victor ! J'étais à ce moment très-malade et la nuit était très-froide. Victor me dit : « Le banc serait trop dur, attends. » Il s'étendit sur le bois et me dit : « Couche-toi sur moi, ça sera plus doux. »

Qu'aurait trouvé de mieux saint Vincent de Paul ?

« Nous demandons si la tache rouge qui orne la boutonnière de M. Paul de Cassagnac est une tache de sang? » Nous n'avons pas entendu dire que cette question ait eu des suites; mais elle prouverait à elle seule que la bravoure de Noir n'était pas inférieure à sa modération.

Le jour même où il se prépara pour aller remplir son mandat auprès de Pierre Buonaparte, après qu'il eut fait sa toilette soignée, — car il était devenu un élégant, — son frère, qui avait beaucoup entendu parler de Pierre, qui s'en méfiait, conseillait à Victor de s'armer, lui disant que ni la maison ni la personne du prince n'étaient sûres; sa réponse fut celle qu'il répétait à tout propos, quand il plaisantait : « qu'est-ce que je risque? »

Hélas! le généreux enfant, il ne risquait que la seule chose qu'il pût risquer encore, la vie! Mais eût-il été armé, que sa vie n'aurait pas couru moins de risque, car sa loyauté ne l'aurait jamais prémuni contre un infâme guet-apens, qui mettra toujours en défaut la prudence d'un honnête homme.

ULRIC DE FONVIELLE

La vie de M. de Fonvielle a été plus longue et plus accidentée que celle de son jeune et malheureux confrère, mais elle n'a pas été moins honorable. A défaut de tout autre témoignage, celui d'un homme dont la mort nous a séparé trop tôt, le témoignage de Millon, l'un des premiers chimistes de notre époque, et surtout l'un des hommes les plus austères et les plus sévères pour eux-mêmes comme pour les autres, ce témoignage nous suffirait. Nous dirons dans quelles circonstances M. Ulric de Fonvielle connut Millon, à qui il inspira les sentiments d'une parfaite estime. Faisons connaître, sommairement, les principales phases de la seconde victime, manquée mais désignée , du héros d'Auteuil.

Plus favorisé que Noir, M. Ulric de Fonvielle commença son éducation au collége Sainte-Barbe. Au bout de quelques années, il accompagna sa famille à Londres où son père possédait une usine, puis revint à Paris, en 1846, pour y terminer ses études.

En 1849, il entra dans l'atelier d'Yvon, devint élève des Beaux-Arts et fit de la peinture jusqu'en 1857, époque à laquelle il partit pour l'Algérie, où ses deux frères allèrent fonder le journal *l'Algérie nouvelle*, avec M. Clément Duvernois, le même qui, à cette époque, était et fut longtemps encore un républicain ardent, jusqu'au moment où l'Empereur en fit un confident et le gouvernement un candidat officiel, élu très-contesté et encore plus contestable. Ulric de Fonvielle collabora à *l'Algérie nouvelle* jusqu'à ce qu'elle eût été supprimée, ce qui eut lieu à la suite d'un duel entre Arthur de Fonvielle, son frère, et le général Yusuf. C'est pendant son séjour en Algérie qu'il fit connaissance du savant chimiste Millon, qui avait été envoyé par disgrâce dans cette colonie, pour avoir donné des preuves trop ostensibles de libéralisme à Lille, où il était professeur, à l'hôpital militaire de perfectionnement (école pour les médecins et pharmaciens militaires). Millon avait pourtant fait une opposition assez ardente à M. Delescluze, candidat dans le département du Nord, ce qui prouve que son libéralisme n'était pas de la couleur la plus avancée; mais il n'en fallait pas un dose bien forte, alors, pour rendre un citoyen suspect, et Millon eut à choisir entre donner sa démission de pharmacien militaire et perdre tous ses droits acquis, ou aller expier en Algérie le crime d'avoir des opinions à lui et de les laisser voir. La résolution lui manqua pour renoncer à une carrière où il était entré depuis fort longtemps déjà, et il n'eut pas davantage la philosophie nécessaire pour supporter avec tout le courage désirable un acte de honteux arbitraire, de basse vengeance. La science a perdu à cette sorte d'exil des travaux d'un prix inappréciable, et la France un savant qui aurait contribué à l'illustrer, car ce que Millon a produit depuis son exil n'est rien à côté de ce qu'il eût pu produire. Wilfrid de Fonvielle, qui est un savant distingué, fut d'abord remarqué par Millon, qui s'attacha beaucoup ensuite aux deux autres frères, et j'ai pu apprendre de sa bouche, toujours sévère, toute l'estime qu'il avait pour M. Ulric de Fonvielle.

L'Algérie nouvelle supprimée, Ulric s'embarqua pour aller se joindre aux phalanges de Garibaldi; il servit dans le régiment de Malanchini, sous le commande-ment du général Medici, qui opérait en Sicile. Il parcourut toutes les côtes de cette île, le fusil sur l'épaule et le calepin sous le bras, car, comme V. Noir le fit plus tard, il guerroyait le jour et rédigeait la nuit des correspondances pour *l'Illustration*, correspondances que son talent de dessinateur lui permettait d'accompagner des croquis des principaux épisodes de la guerre. Nous ne le suivrons pas dans chacun de ces épisodes; nous nous bornerons à dire qu'il assista à la sanglante bataille de Melazzo, qu'il passa ensuite avec toute l'ar-

mée des volontaires, en Italie, arriva à Naples, le lendemain du jour où Garibaldi y était entré, devint officier
dans la légion française qu'organisait le général Cluseret, assista à la bataille du Vulturne, à plusieurs com-
bats d'avant-garde sous les murs de Capoue, et, enfin,
au bombardement et à la prise de cette ville. A ce moment, Garibaldi donna sa démission, et Ulric de Fonvielle suivit cet exemple, quoiqu'ayant droit à entrer
avec son grade dans l'armée régulière d'Italie.

Il revint alors en France, laissant les meilleurs souvenirs parmi tous les officiers ou simples volontaires
qui l'avaient approché. Il reprit alors la brosse et la
plume; il fit de la peinture et publia le premier volume
de la guerre de l'indépendance, sous le nom de : *Souvenirs d'une Chemise rouge*.

Survint la guerre de la sécession. Le général Cluseret
quitta l'armée italienne pour aller commander un
corps de l'armée unioniste, et, passant par Paris, il
amena avec lui, comme aide de camp, Ulric de Fonvielle qui avait déjà servi sous lui comme officier. Cluseret obtint le commandement de l'avant-garde du
général Frémont, et fit la campagne si meurtrière de la
Shennandohah. Après la démission du général Cluseret,
Ulric de Fonvielle entra en qualité d'ingénieur topo-
graphe dans l'état-major du général Siégel, assista à la
bataille du deuxième Buls'run et à celle de Frederichs-
burg; passa, après la démission de Siégel, dans l'état-
major de l'armée du Potomack, commandée par
Hooker, et assista à la bataille de Chancellorsville; puis,
enfin, sous le général Meade, il prit part à la sanglante
bataille de Gettysburg, qui décida du sort de l'Union.
La sécession était vaincue.

En Amérique comme en Italie, Ulric de Fonvielle avait donné les preuves de courage, de dévouement à une même cause, celle de la liberté, et il revint d'Amérique comme il était revenu d'Italie, en laissant partout où il avait passé les plus honorables souvenirs.

A son retour en France, il entra dans le journalisme; il collabora au *Diogène*, à *l'Étincelle*, au *Progrès de Lyon*, au *Phare de la Loire*, etc.; il écrivit la vie de Lincoln dans le *Livre d'Or*. Il fut surtout un des principaux collaborateurs du *Globe*, et prit la rédaction en chef de *la Ligne directe*, de Dieppe. Un article sur les événements de la Ricamarie lui valut deux mois de prison. A la fondation de *la Marseillaise*, il entra dans ce journal auquel il collabore toujours.

Voilà une vie assez bien remplie pour un homme qui n'a pas encore quarante ans (il est né en 1833). Nous ignorons si son temps a été perdu pour la fortune, mais, assurément, il n'a pas été perdu pour la liberté.

L'extrême aménité de ses manières et de son caractère fait pardonner à M. de Fonvielle les vivacités parfois très-grandes de sa polémique. Aussi, quoique déjà vieilli dans le journalisme, a-t-il eu peu de querelles personnelles sérieuses. En revanche, il a été mêlé à un grand nombre d'affaires de ses amis, et dans presque tous les cas, il a été assez heureux pour guérir autrement que par le fer ou par le plomb les blessures faites par la plume. Dans deux cas seulement, les choses furent poussées jusqu'à toute extrémité, ce fut dans le duel de Puech avec nous ne savons plus qui, et dans le duel de Gustave Flourens avec M. Paul de Cassagnac. Ici, il n'y avait pas d'arrangement possible; mais si Fonvielle ne fut pas aussi heureux que d'habitude, il ne fut pas moins loyal, et nous ne pensons pas que les souvenirs qu'il a laissés dans ces circonstances, à ses cotémoins, soient moins honorables que ceux qu'il a laissés partout ailleurs.

PIERRE BUONAPARTE

Nous venons de voir ce qu'étaient les témoins de M. Paschal Grousset et ce que l'un d'eux est encore, grâce à un heureux hasard. Voyons maintenant ce qu'est son adversaire, Son Altesse Impériale, le prince Pierre Buonaparte.

Les seuls faits dont on vient de lire la relation donneraient déjà une bien médiocre idée de ses qualités morales; mais cette première impression est trompeuse : les faits qui nous restent à faire connaître en donneront une idée bien plus mauvaise encore. Cependant, nous n'étonnerons personne ou du moins aucun philosophe, en constatant que Pierre Buonaparte a trouvé des panégyristes en France et même à l'étranger; mais les difformités morales de cette nature sauvage sont tellement saillantes, qu'elles percent sous le fard, et que la vérité échappe, à chaque ligne, aux panégyristes dont l'habileté n'égale pas toujours le servilisme. Nous n'aurons donc qu'à puiser dans leurs biographies et à développer quelques-uns des épisodes sur lesquels ils glissent trop pudiquement, pour donner une juste idée du personnage qu'un exploit bien digne de sa race et du chef de sa famille, vient de tirer de son obscurité.

Pierre est, comme on le sait, le second fils de Lucien Buonaparte, républicain et prince de Canino, président du Conseil des Cinq-Cents au 18 Brumaire, et l'un des principaux complices de ce crime, précurseur de Décembre.

Nous serons bref sur l'enfance de la future altesse, quoique les panégyristes racontent des merveilles sur la précocité et la vivacité de son intelligence. Il fut élevé dans le beau domaine de Canino, situé dans les États de l'Église; son père, paraît-il, s'occupa d'abord de son éducation, qui fut confiée, vers l'âge de quatorze ans, à un abbé Casanova, puis au Père Maurice de Brescia, un des hommes les plus instruits de son temps, dit-on.

La plupart des domestiques de la maison du prince Lucien étaient Corses, et le jeune Pierre se plaisait à leurs récits. « Il écoutait surtout avec une avide curiosité, dit l'un des plus chauds panégyristes de la famille, M. della Rocca, les récits d'un compagnon d'aventures du célèbre bandit *Theodoro*, le nommé *Nevigantino*, qui devait probablement ce surnom à son habitude de coucher dans la neige. » Étrange confidence! qui prouve à la fois le goût du jeune prince pour le banditisme et l'étrange indulgence de la maison de Lucien, qui admettait au nombre de ses domestiques le compagnon d'un « bandit célèbre, » compagnon lui-même assez célèbre, pour avoir mérité un surnom légendaire.

L'élève du Père Maurice ne resta pas longtemps sous la direction de son précepteur. Ses panégyristes racontent qu'en 1831, c'est-à-dire à l'âge de seize ans (il était

né en 1815), il prit part à l'insurrection de Toscane, fut
arrêté par la police, et renfermé pendant six mois dans
la citadelle de Livourne.

Les États de l'Église, où se trouvait le domaine de
son père, lui ayant été interdits, il s'embarqua pour
l'Amérique. Il suivit en Colombie un lieutenant de l'illustre Bolivar, le général Santander, qui avait été
honoré du titre de *l'homme-loi*. On dit qu'il servit sous
cet homme intègre avec le grade de chef de bataillon;
mais, pour des causes peu connues, — car la vie de
l'altesse, désormais célèbre, est pleine d'obscurités, —
il resta peu de temps au service. Nous ne savons si c'est
après ou avant son expédition en Colombie que se place
un premier épisode sur lequel nous n'avons que des
renseignements fort incertains. A son arrivée aux États-
Unis, il avait rencontré son oncle, l'ex-roi Joseph et
son cousin, Louis-Napoléon, aujourd'hui empereur.
Le journal *le Havre* publiait, il y a quelques semaines,
l'extrait suivant d'une lettre qui aurait été écrite par
Louis-Napoléon et que nous ne publions que sous toutes réserves, son authenticité ne nous paraissant pas
bien certaine, quoique cette lettre n'ait reçu aucun
démenti :

« Imaginez-vous qu'un jour nous nous promenions,
Pierre et moi, à New-York; j'avais aux lèvres un cigare;
je manquais de ce qu'il faut pour l'allumer. De l'autre
côté de la chaussée j'aperçois un Yankee fumant, plus
heureux que moi, un magnifique havane. Je traverse et
lui demande du feu, qu'il m'accorde volontiers. Je ne sais
par suite de quel mouvement maladroit mon cigare allumé
va se plaquer sur la joue de mon Yankee, qui se répand
en invectives contre moi. J'avais tort, je me confondis en

excuses, sans vouloir prendre garde à l'irritation inconvenante du brûlé. Mais au moment où je m'y attendais le moins, voici mon Pierre qui, resté de l'autre côté de la chaussée, épiant notre mimique un peu désordonnée, fond tout à coup sur le malheureux Yankee, le pistolet au poing, et l'étend raide à mes pieds. — Nous sommes restés l'un et l'autre deux mois en prison pour cette affaire. »

Deux mois de prison pour avoir étendu, raide par terre, un Yankee, ce serait peu, à moins que le Yankee ait pu se relever promptement. Un tel début n'était vraiment pas assez décourageant ; aussi le bouillant cousin ne fut-il nullement découragé.

Revenu en Europe, les sollicitations de sa mère lui firent rouvrir les portes des États-Romains, et il put se fixer à Canino, vers le milieu de l'année 1833. Là se passa un épisode qu'il faut lire d'abord dans ses panégyristes pour se faire une idée de l'art avec lequel ces scribes honnêtes s'entendent à *orner* la vérité.

Voici, d'abord, ce que *le Moniteur universel* a fait crier dans toutes les communes de France où il a pu trouver des crieurs :

« Les faits qui lui rendirent hostiles le gouvernement pontifical, dit le journal officieux, ont été racontés si diversement par la plupart des biographes, que nous ne savons à quelle version nous arrêter. Ce qu'il y a de certain, c'est qu'en 1836, poursuivi par les carabiniers du pape, il en blessa deux et leur tua un lieutenant. Contraint de se rendre après une lutte acharnée, il fut enfermé au château Saint-Ange. Traduit devant une commission, le prince fut condamné. » Condamné à quoi ? Condamné pourquoi ? L'officieux journal feint de l'ignorer. Un de ces co-scribes a été moins timide ; il faut vraiment le lire pour l'édification de la morale publique :

« A la suite de la campagne de Colombie, dit il, il revint en Italie d'où il fut renvoyé en 1836, par l'ordre du pape. Dans la résistance qu'il apporta à cette expulsion, il fut poursuivi par une troupe de *sbires* » — (ce n'est pas nous qui soulignons, c'est le biographe), — tua leur chef, blessa deux soldats, et ne se rendit qu'après avoir reçu lui-même deux blessures. Il fit une assez longue détention au fort Saint-Ange, puis voyagea en Amérique et en Angleterre. »

Le premier panégyriste ne savait pas pourquoi Pierre avait été condamné, mais il savait qu'il l'avait été, à la suite d'une arrestation par les carabiniers, qui sont nos gendarmes ; pour le second, les gendarmes deviennent des *sbires*, et peu s'en faut que sous sa plume, qui transforme l'arrestation en « expulsion, » la résistance à la force publique ne devienne un glorieux haut fait. Elle le deviendra, n'en doutez pas, grâce à l'enthousiasme bien nourri d'un troisième panégyriste ; lisez plutôt ce qu'écrit un certain écrivain Franco-Espagnol :

« A partir de seize ans, sa vie devint celle d'un aventurier » (pour certains panégyriste de la famille Buonaparte, le métier d'aventurier est un noble métier). — « Il faut être juste, » — remarquez bien que cet honorable biographe rappelle, de peur qu'on ne l'oublie, qu'il faut être juste, et c'est pour être juste qu'il continue ainsi : « le condottiere, » condottiere est aussi un titre très-honorable, pour l'austère biographe, et surtout très-juste, appliqué aux Buonaparte, — « le condottiere combattit pour la liberté. . . . . . .

« Revenu près de sa mère, en Italie, il fut arrêté à

Canino *sous la prévention de* CARBONARISME. Ce ne fut pas sans peine qu'on parvint à s'emparer de sa personne. Trente *sbires* furent chargés de cette mission qu'on savait périlleuse. Le prince, dans une défense homérique, tua ou blessa *un grand nombre* de ses *agressseurs*, et ce ne fut que mourant et garrotté qu'on put le hisser sur une charrette pour le conduire au fort Saint-Ange.

« *La muse populaire chanta cet épisode* en maintes complaintes, où la cruauté du pape était conspuée, tandis qu'on portait aux nues IL GRAND CORAGGIO DE DON PETRO. » Cet italien et ce dithyrambe bien mérité, car, « il faut être juste, » se lisent dans le journal *le Gaulois* du 17 janvier 1870.

Maintenant, veut-on savoir en quoi a consisté réellement ce grand acte de carbonarisme, ce glorieux exploit « chanté par la muse populaire? » Le voici, d'après un narrateur moins dithyrambique, mais plus véridique; l'histoire est un peu longue, mais elle est édifiante et n'est pas trop ennuyeuse.

« Je raconterai simplement, dit ce narrateur, non l'histoire scandaleuse des princes de Canino : les colonnes d'un journal qui se respecte *ne la supporteraient pas*, mais le trait qui obligea le gouvernement pontifical à intervenir et à traduire en justice deux membres de la famille, Pierre et Antoine Bonaparte.

« Ils vivaient dans leur pays de Canino, à la manière et avec le costume des brigands italiens de cette époque : feutre pointu, veste de velours, large ceinture, culotte courte, grosses bottes, dont les molletières étaient attachées par des boucles d'acier. Tout le pays était dans la terreur, car les princes ne respectaient rien.

« Chaque matin, ils partaient pour la chasse, et si, en hiver, le ciel était pluvieux, ou en été trop chaud, ils passaient de longues heures dans le cabaret de l'endroit, jouant aux cartes avec les paysans et les mauvais sujets qui les secondaient dans leur vie d'aventures.

« Près de Canino, habitait dans une chaumière un homme surnommé *Mahumetto*, parce que, tout pauvre qu'il fût, il avait eu trois femmes.

« D'une de ces femmes lui était restée une jeune fille d'une grande beauté ; c'était presque une enfant.

« Un jour, Pierre et Antoine, accompagnés d'un de leurs compagnons de débauche, Valentini (lequel *enleva un jour leur sœur* et, après toute sorte d'égarements, se suicida aux bains de Porretta, près de Bologne), entrèrent dans la chaumière de Mahumetto, y trouvèrent la belle enfant, *et la déshonorèrent tous trois*. Aux cris de la victime, un homme accourut ; cet homme, qu'on avait surnommé *salta maccaione* (saute-fossés), parce qu'il était boiteux, fut témoin du crime ; mais en apercevant les coupables, il comprit le danger qu'il y avait pour lui, et s'enfuit. Les princes et Valentini se mirent à sa poursuite et l'eurent bientôt rejoint. Se jetant à leurs genoux, il s'écria : « Pitié ! je ne dirai jamais rien, je le jure ; je n'ai rien vu. » *Ils le fusillèrent à bout portant*, et l'homme tomba pour ne plus se relever. La chose fit du bruit, et le pape ordonna l'arrestation des assassins.

« La famille Bonaparte comptait trop de soutiens et conservait trop d'influence pour qu'elle ne cherchât pas à empêcher l'action de la justice ; mais le pape résista à toutes les obsessions, et maintint les ordres qu'il avait donnés. A vrai dire, personne ne se souciait d'exécuter ces ordres : il y allait de la vie. Nul n'ignorait ce dont les Bonaparte étaient capables ; cependant un homme de cœur, qui les connaissait bien, se présenta. C'était M. le comte Cagiano di Azevedo, officier de gendarmerie.

« Le comte, en bourgeois, accompagné de soldats déguisés, se rendit à Canino, posta ses hommes sur les avenues de la place, et entra seul au cabaret. Les Bonaparte étaient à la chasse. Cagiano s'assit à une table, et attendit tranquillement.

« Ils ne tardèrent pas à arriver, et Pierre entra le premier, alla droit à Cagiano, lui disant :

« — Qui t'amène ici?

« — La chasse, répondit l'officier. Tu as là, prince, un beau fusil.

« — Oui, fit Pierre, c'est un fusil anglais qui m'a coûté très-cher.

« Et Cagiano, prenant l'arme, feignit de l'examiner, en loua la perfection, et la posant derrière lui, s'avança vers Pierre, et lui dit :

« — Prince, au nom de la loi, je vous arrête.

« Pierre se courbe aussitôt, saisit dans sa botte un poignard que, par un mouvement rapide, il plongea dans la gorge de Cagiano, lequel roula sur le pavé en criant au secours. Au bruit, les gendarmes déguisés se précipitèrent; Antoine apparaissait sur la porte, et comprenant le danger, il se retourna vers les gendarmes, et en tua un d'un coup de fusil.

« Mais, en voyant tomber leur camarade, les gendarmes, pleins de fureur, renversèrent Antoine, entrèrent dans le café, et prirent Pierre qui luttait comme un démon. Des scènes terribles se passèrent dans le café, car tout le pays étant accouru, chargeait les deux assassins d'opprobre et de malédictions. Eux blasphémaient comme des Turcs, promettaient d'incendier le pays et de tuer les gendarmes. Ceux-ci, il est vrai, se laissèrent emporter et administrèrent aux deux princes de violents coups de crosse. Ils les étreignirent si durement, à l'aide de cordes et de menotes, que, durant toute la route de Canino à

Rome, ils souffrirent horriblement et arrivèrent ensanglantés.

« Quant à Valentini, qui devait plus tard finir si misérablement, il avait réussi à s'évader. Ayant passé la nuit dans les broussailles, il trouva le lendemain un refuge je ne sais où.

« Tout le temps que dura leur captivité préventive, les princes intriguèrent de toute façon ; leurs alliés, parents et amis s'efforcèrent d'empêcher le cours de la justice, mais le pape fut inflexible, et, *après des débats, qui mirent en lumière tous les scandales et toutes les violences de leur vie*, Pierre et Antoine *furent condamnés à la* PEINE DE MORT (1). »

---

(1) Ceux qui aiment les pièces officielles ne liront pas sans intérêt le procès-verbal de l'arrestation des deux bandits.

« L'ordre de la suprême secrétairerie d'État d'arrêter les deux frères don Pietro et don Antonio Bonaparte, princes de Canino, devant être exécuté avec toute finesse (*con ogni cautela : cautela* veut dire réserve, précaution, ruse, finesse), M. le capitaine Guadagnini en chargea le lieutenant comte Cagiano, lequel, apprenant le crime, se montrait désireux de faire lui-même l'arrestation de ces deux Bonaparte dont il avait été l'ami.

« A peine arrivé à Canino, Cagiano s'est mis de concert avec les maréchaux-de-logis Pifferi et Rinaldini, ainsi qu'avec deux autres sous-officiers. Deux carabiniers expérimentés, se promenant sur la place, ont attendu les susdits frères Bonaparte, un desquels, qui était D. Pietro, apparut sur la porte du café, armé d'un fusil à deux coups ; ce que voyant, le lieutenant Cagiano (qui était dans le café) s'est approché de lui et lui a parlé. Mais le Bonaparte, soupçonnant quelque chose, a demandé à Cagiano ce qu'il venait faire à Canino, et s'il venait pour l'arrêter. Mais pendant que Cagiano répondait d'une manière évasive et demandait à voir le fusil que portait Bonaparte et en vantait la beauté, le maréchal Rinaldini survenant a pris le prince par le bras, et le lieutenant lui a intimé l'arrestation.

« Mais Bonaparte, faisant toute la résistance possible et se débar-

Voilà le glorieux exploit des « carbonari, » chanté par la muse populaire! Malheureusement pour Victor Noir et pour beaucoup d'autres, le pape n'en récompensa point l'auteur suivant ses mérites. Sollicité à genoux, obsédé par la mère des assassins violateurs et par quelques autres protecteurs, le pape ne fit pas exécuter la sentence, et au bout de quelques semaines, il les mit en liberté, se contentant de leur interdire, encore une fois, le territoire romain. C'était bien le moins qu'on pût faire pour des princes républicains qui professent l'égalité devant la loi! Et la reconnaissance donc, la professent-ils et la pratiquent-ils, ces princes? Lisez plutôt cet autre panégyriste, un Italien du nom de P. de la Gattina, car ils pullulent les panégyristes : « Le prince hait deux *choses :* le pape et le duc d'Aumale! le pape d'une bonne haine italienne; le duc d'Aumale de cette haine gouailleuse, française qui bave (1) plus qu'elle ne

---

rassant de l'étreinte du maréchal, saisit dans ses hautes guêtres de cuir un poignard (*vibrando immediatamente un colpo al tenente nella parte del cuore che lo rese immediatamente cadavere*), le plongea immédiatement dans le cœur du lieutenant, qui est tombé mort. Puis il s'est retourné vivement contre le maréchal, qu'il a blessé mortellement de six coups du même poignard, et a blessé également un carabinier, qui accourait au secours du lieutenant tué. Tout aussitôt la gendarmerie s'est précipitée, le carabinier Montanari arrivant le premier, qui, voyant à terre et son officier et le maréchal, a asséné sur la tête de Bonaparte un coup de crosse qui l'a renversé. Et Bonaparte suppliant a demandé qu'on lui laissât la vie. En même temps, le carabinier Cialdea a déchargé sur le prince à brûle-pourpoint un pistolet qui ne l'a point blessé. »

(1) La haine française et gouailleuse qui BAVE! voilà, j'espère, qui est gaulois! Il faut vraiment « *avoir l'honneur* » d'être italien et ami d'un condottiere, pour découvrir dans la bave une gauloiserie.

ronge. » Comment donc, c'est bien naturel ! Le prince Pierre, qui sait « qu'il faut être juste, » pourrait-il ne pas haïr cette *chose* qu'on appelle le pape, laquelle ou lequel n'a pas été assez juste pour faire exécuter une très-juste sentence ! Jamais le prince Pierre ne lui pardonnera cela. Quant à la *chose* que l'écrivain *de La Gat-*

Aussi, ce même Italien a-t-il découvert que son ami est un poëte « de première force, » et que Lamartine comparait ses strophes à celles du Tasse, et « n'exagérait que peu. » Mais cette manière de marquis de Boissy démocratique a découvert tant et de si étranges et admirables choses dans son héros, que ceux qui ont du goût pour la quintescence du ridicule pourront lire cette biographie tout entière ; ils la trouveront dans *Paris-Journal* du 15 janvier 1870 : ils y liront, entre autres éloges, — et d'éloges très-sérieux, comme on le pense bien, — les circonstances n'en comportent guère d'autres :

1º Que le sang qui « inonde » le cerveau du prince est « *un liquide enflammé, chargé d'étincelles !* »

2º Qu'il écrit comme le Tasse, à « *très-peu* » d'exagération près.

3º Qu'il parle « avec une verve qui flambe comme une douche d'acide nitrique et brûle tout ce qu'*il* touche. » — (Il paraît que l'ami du prince est moins fort encore sur la chimie que sur le français.)

4º Que sa causerie est « une *inondation*; qu'il faut se garer pour n'être pas inondé. » — Je crois qu'en fait d'inondation, le noble ami n'a guère causé que des inondations de sang.

5º Que « le prince, *en religion*, croit en Dieu. » — (Le fait est que jusqu'à ce jour, Dieu l'a assez bien protégé pour qu'il y puisse croire, « en religion. » Maintenant, peut-on se trouver « *en religion* » sans croire en Dieu ? C'est probablement un mystère dont le facétieux La Gattina a la clé dans sa poche, cette même poche où le prince ne *porte jamais d'arme,* suivant le même La Gattina.

6º Que le républicain Pierre « a deux cultes, » — et probablement deux religions, total trois, avec celle de Dieu. C'est beaucoup de religions pour un condottiere.

7º Car le prince « a les allures d'un condottiere, est même « un con-

tina appelle le duc d'Aumale, et cela dans un journal gaulois, son héros Pierre a aussi d'excellents motifs de haine contre *elle* ou contre *lui;* nous n'avons aucun intérêt à les rappeler ici.

Ce grand exploit « chanté par la muse populaire, » suivant le sieur Angel ou Ange de Miranda, était, en effet, dans son genre un coup de maître; mais ce n'était point un coup d'essai; ce ne fut point non plus un coup de fin. Expulsé d'Italie, le jeune et digne héros continua sa vie d'aventurier, suivant la juste expression d'un de ses panégyristes; il alla offrir ses services militaires, suivant un autre panégyriste (son ami della Rocca), à la Belgique, à la France, à l'Espagne, (au général Espartero), à la Suisse (au général Dufour), à Méhémet-Ali, à d'autres encore, et, enfin, au czar Nicolas; mais il pa-

---

dottière du Moyen Age. » Il est de plus : un « loyal soldat, » — (on l'a bien vu à Zaatcha) — un « noble cœur, » — (l'Impératrice l'avait bien dit)! « à grandes aspirations, » — (ses exploits ne le prouvent que trop), — un « sincère *soudard* comme les Malatesta et les Orsini, qui se reposaient de l'épée par la viole et des strophes du poëte *par les grands coups de reitres.* »

8° « Il apprécie *fort* le type du *Calabrais,* du Corse » — (du Corse des maquis, bien entendu) — « et du *Translevérin.* » c'est presque un troisième culte, sans compter celui de Dieu, du vainqueur de Brumaire et les autres. Voilà les qualités qu'un ami du premier degré de Pierre Buonaparte trouve dans son héros. Quelles qualités n'y découvrira donc pas un procureur général, pour peu qu'il s'abandonne aux habitudes et aux traditions du métier !

Nous ne pousserons pas plus loin le tableau du vigoureux biographe italien; tout incomplet qu'il soit, l'aperçu qui précède prouve que jamais ours ne lança de plus lourds pavés sur la tête de ses nobles amis. Je doute qu'à l'avenir il se trouve beaucoup de princes qui « honorent » de leur amitié le démocrate La Gattina.

raît que ces services avaient été si bien appréciés du
général Santander, que personne, pas même le czar, ne
voulut les accepter; le héros en fut pour ses proposi-
tions. Ne pouvant guerroyer à sa manière, il chercha à
se dédommager en chassant; mais chasse de prince, et
surtout de prince Buonaparte, n'est pas chasse de manant. Conduit à Corfou par ses pérégrinations à la recherche d'une position sociale, il s'embarqua pour aller
faire une partie de chasse sur les côtes d'Albanie, et là, il
eut encore une « *aventure* » à propos de laquelle se montre, une fois de plus, l'art pudique de ses panégyristes.

‹ En 1838, dit l'un deux, — celui qui a fait crier sa
prose dans la plupart des communes de France, — il
part pour Corfou, équipe une tartane, soulève d'ardentes colères, et se voit forcé de quitter le pays. »

Voilà, j'espère, l'histoire bien renseignée! Voyons si
les autres historiens seront plus clairs :

« Les hasards de la vie le ramenèrent » — (le « ramenèrent » *pour la première* fois, pourtant, et même pour
la dernière, car après cette première visite, il n'aurait
pas été très-sain pour lui d'en tenter une seconde) —
« en Albanie, où il livra, *presque seul*, un combat meurtrier à un certain nombre de *pallicares*. »

Ce biographe, du nom de Froissard, n'est pas juste
pour son héros, car celui-ci se battit vraiment seul
et non pas *presque* seul. Le biographe espagnol a été
plus généreux :

« Peu de temps après, dit-il, — (après l'exploit de
Canino) — au retour de son second voyage d'Amérique, il tua, près de Corfou, deux corsaires albanais. »

Les chantres du héros d'Auteuil ne disent pas que

4

l'exploit d'Albanie ait été chanté par la muse populaire; il en valait pourtant la peine, sans être aussi glorieux que celui de Canino. Le voici dans sa vérité, raconté par quelqu'un qui était en position de le bien connaître :

A *Monsieur l'Éditeur du* Daily-News

Monsieur l'Éditeur,

J'étais à Corfou, employé responsable du gouvernement anglais, et je puis garantir l'authenticité des faits suivants :

Le prince Pierre Bonaparte loua un bateau à Corfou, pour le conduire sur la côte d'Albanie, dans le but d'y faire une partie de chasse.

Le bateau était manœuvré par deux marins natifs de l'île, dont *j'ai eu moi-même* l'honneur de recevoir et d'*écrire les dépositions*, après le malheureux conflit avec les Palikares. Voici la vérité établie par ces dépositions :

Lorsque la barque arriva à Sajades, sur les côtes d'Albanie, un officier de douane essaya d'accoster, pour constater l'origine et l'endroit d'où venait le bateau; alors *sans aucune espèce de provocation, le prince l'étendit raide mort!* Ce Palikare, officier de douane, était un *vieillard*, père d'une nombreuse famille.

Immédiatement la barque reprit le chemin de Corfou. Le prince fut chassé de l'île. Le gouvernement ionien, dans la personne de sir Howard Douglas, alors *lord high Commissionner*, eut la triste satisfaction de payer une généreuse indemnité à la famille de l'officier assassiné.

Corcyra-Villa, Holloway, 12 janvier 1870.

JOSEPH CARTWRIGHT.

(*Daily-News*, 13 janvier 1870.)

Les princes du revolver n'ont pas seulement des souteneurs en France, en Italie et en Espagne, ils en ont jusqu'en Angleterre; et même ceux-ci, pour montrer au public combien ils sont dignes de foi, se donnent le nom de *Veritas.* Un de ces *Veritas* a donc écrit au directeur du journal anglais *le Times* pour rectifier la narration de M. Cartwright; ce *veritas* affirme que :

1º Pierre Bonaparte, attaqué par des brigands albanais, n'avait fait que défendre sa vie ;

2º Que des officiers anglais lui avaient fait une visite en témoignage d'admiration ;

3º Que s'il y avait eu crime, les tribunaux anglais, qui rendent toujours une justice impartiale, l'auraient poursuivi ;

4º Que l'acte d'expulsion n'alléguait que la raison d'État.

Mais M. Cartwright, qui n'est pas un *Veritas*, mais qui donne son adresse et se met à la disposition de quiconque douterait de l'exactitude de ses assertions, et qui fournit d'ailleurs tous les renseignements nécessaires pour que chacun puisse les vérifier, M. Cartwright a répondu sur-le-champ de la façon suivante à l'impudent mensonge du sieur *Veritas :*

A *l'Éditeur du* Times

« Monsieur,

« Il est de mon devoir de venir défendre la vérité de mes affirmations concernant l'affaire du prince P.-N. Bonaparte avec de prétendus brigands sur les côtes d'Albanie, attaquée par votre correspondant « *Veritas.* »

« Au moment de l'affaire, j'étais greffier du bureau de

police de Corfou, sous les ordres de M. Demetrio Zervo, inspecteur, et j'avais ainsi le moyen d'être bien renseigné. Je répète et j'affirme qu'une seule personne a été *tuée* par le prince, et que cette personne était, non pas un brigand, mais un officier de la douane.

« Je nie de la manière la plus formelle que M. Barclay, du 11e régiment, ou aucun autre officier anglais, ait jamais été capturé par des brigands albanais. . . . .

« Je nie, en outre, que lord Charles Wellesley, colonel du 53e, ou *aucun officier anglais alors à Corfou*, se soit jamais associé à la prétendue ovation dont parle « *Veritas.* »

« Il n'y avait à Corfou aucun juge ou magistrat anglais, les Ioniens étant, sous ce rapport, gouvernés par les juges du pays; la Haute Cour d'appel seule était présidée par deux juges anglais, qui, dans ce cas, se trouvaient sans pouvoirs.

« Comme moi, « *Veritas* » reconnaît que le prince fut chassé de Corfou.

« La « razioni di Stato » (raison d'État) mentionnée dans l'ordre d'expulsion du prince, était une manière délicate de lui faire connaître l'ordre du gouvernement ionien qui, le fatal événement *n'ayant pas eu lieu dans l'étendue de sa juridiction*, ne pouvait agir plus sévèrement.

« L'original de cet ordre, transmis par la police et dont vous donnez le contenu, a été écrit dans les bureaux *dont je faisais partie*, par M. Scarpa, secrétaire de l'inspecteur, signé par l'inspecteur, et *une copie a été conservée dans les livres de la police de Corfou*.

« Permettez-moi, en terminant, d'ajouter que, dans son excursion à la côte d'Albanie, le prince était accompagné d'un monsieur *Barca*, armurier à Corfou.

« Votre serviteur, etc.

« JOSEPH CARTWRIGHT.

« Corcyra, villa Holloway, 20 janvier 1870.

« *P. S.* — L'indemnité donnée à la famille de l'officier de douane a été bel et bien payée par le gouvernement Ionien. » (*Times* du 21 janvier 1870.)

Le sieur « *Veritas* » peut être un historiographe très-dévoué ; mais il n'est certainement pas un logicien modèle : s'il était doué, non pas même d'une forte logique, mais seulement d'une dose commune de bon sens, il se serait aperçu qu'il ne peut se trouver un gouvernement assez niais pour bannir un brave volontaire, fût-il simple manant, qui le débarrasse de ses brigands ou de ses pirates. *Veritas* aurait compris, en outre, que Pierre avait trop aimé *Theodoro*, *Nevigantini* et son compagnon de viol et de meurtre, *Valentini*, pour que l'idée ait jamais pu lui venir de tuer les brigands ; tandis qu'il avait, au contraire, beaucoup de motifs, sans compter ses goûts, pour s'attaquer aux gendarmes et aux douaniers. La raison, aussi bien que les témoignages les plus irrécusables, prouve donc que c'est bien un officier de douaniers que Pierre Canino a tué, sur les côtes d'Albanie. L'officier, comme c'était son devoir, a demandé au prince ses papiers ; le prince lui a répondu par un coup de revolver, à bout portant, et l'a tué : chacun a rempli son rôle. Le gouvernement a fait enterrer l'officier, et Dieu, qui ne protége pas seulement les ivrognes, a permis au prince de s'embarquer sain et sauf et de voler à de nouveaux exploits.

Ceux qui sont parvenus à notre connaissance, — car nous sommes bien loin d'en connaître la liste complète, — ne sont pas tous dignes des précédents ; ils méritent cependant de figurer sur les états de service, si bien remplis, du lieutenant de Santander, moins admirateur de son général que du célèbre *Theodoro*.

Son altesse aventurière ne chassait pas toujours les filles de Canino, les carabiniers du pape et les douaniers d'Albanie; il chassait aussi le gibier à poil et à plume, et, parmi ce dernier ne dédaignait pas même les grives. Seulement, il ne fallait pas que les manants le dérangeassent dans ses expéditions, ni même qu'ils se trouvassent dans son chemin, ce chemin fût-il une grande route. C'est ce que prouve l'histoire suivante, publiée par le journal *la Cloche* du 19 janvier 1870 :

Nous recevons de Marche (Luxembourg) la lettre suivante :

« Vers 1837, Pierre Bonaparte habitait dans cette province, à Mohimont, maison isolée au milieu du bois, à quatre lieues d'ici, chassant à outrance et malmenant le paysan.

« Un jour, dans la saison des grives, il rencontre dans le bois, où il mettait ses lacets, un campagnard cheminant paisiblement et se rendant au village voisin en suivant le chemin ordinaire. Dérangé dans sa chasse, Bonaparte lui intime l'ordre de rétrograder, ce à quoi notre paysan lui répond que, suivant un chemin public, il était dans son droit. Pan ! un coup de fusil, et voilà le bonhomme par terre, avec une jambe cassée. Le Bonaparte a étouffé l'affaire à prix d'argent. »

Depuis 1838 jusqu'en 1848, l'impérial « condottiere, » — comme dit son noble ami, le républicain de La Gattina, — « traîne à travers l'Europe son existence aventureuse, » comme dit un autre de ses honorables panégyristes. Mais, soit que ses aventures aient manqué d'éclat, soit que l'aventurier ait eu le soin et l'adresse de les couvrir d'un voile, jusqu'à présent impénétrable, elles ne sont point encore connues du public, et l'histoire en est réduite à des conjectures, sur cette importante période de la vie du prince magnanime, si bien fait, comme tous ceux de sa race, pour gouverner les peuples et assurer leur bonheur. On sait seulement qu'en 1845, l'impérial Juif-Errant éprouva la curiosité de visiter la France et qu'il obtint du gouvernement un permis de séjour provisoire. Il passa bientôt en Belgique, et il était on ne sait où, quand la République commit l'immense faute de lui rouvrir les portes de la France, à lui et à toute cette famille d'un autre aventurier théâtral, qui, après avoir commis tous les crimes, violé toutes les lois, insulté, comme un porte-faix, tous ses ennemis, trompé, comme un vil larron, tous ses alliés, conçu des plans où le délire perce plus souvent encore que le génie, tenté des entreprises irréalisables, comme un insensé, avait, enfin, péri dans un épouvantable et inévitable naufrage, en laissant la France vaincue, abaissée, humiliée et mutilée!

Héritier éventuel de ce grand héros, admirateur infime de ce beau modèle, Pierre Buonaparte, qui avait sollicité sans succès, auprès de toutes les nations, l'honneur de commander une armée, un régiment ou seulement une compagnie, pensa que le moment était venu de donner carrière à son ambition. Il brigua un emploi et obtint le grade de chef de bataillon, au titre étranger; c'était l'extrême faveur que permit la loi militaire française, et l'on ne violait pas, alors, toutes les lois. Ses exploits de soldat ne furent pas aussi brillants que ses exploits de condottiere; il est, vraiment, cu-

rieux de voir avec quelle pudique modestie ses panégyristes les racontent :

« En 1849, dit l'un, — celui dont on a crié la prose
dans nos campagnes, — il partait pour l'Algérie et as-
sistait aux premières opérations du siége de Zaatcha. »
C'est humble et court; mais voici qui est plus circons-
tancié :

« Peu de temps après, il fut envoyé à l'armée d'Algérie. Mais son séjour en Afrique ne fut pas de longue
durée; il quitta subitement l'armée et rentra en France.
Le gouvernement le destitua pour ce fait. On l'accusa
de lâcheté. *Il est probable* que sa déscrtion n'eut d'autre
motif que le dépit qu'il éprouva en se voyant sans
cesse refuser une place dans les cadres de l'armée régulière. »

C'est l'ingénieux Ange de Mirande qui a découvert
cette *probabilité;* il est fâcheux qu'il n'ait pas employé
son ingéniosité à découvrir la certitude; celle-ci n'était
pourtant pas difficile à trouver; il n'y avait qu'à ouvrir
le Moniteur universel (alors officiel) du 20 novembre
1849 et d'y lire le décret suivant :

Le Président de la République,

Considérant que M. Pierre-Napoléon Bonaparte, nommé,
au titre étranger, chef de bataillon dans le 1er régiment de
la légion étrangère, par arrêté du 19 avril 1848, a reçu,
sur sa demande, un ordre de service, le 19 septembre
1849, pour se rendre en Algérie;

Considérant qu'après avoir pris part aux événements
de guerre dont la province de Constantine est en ce moment le théâtre, il a reçu du général commandant la division de Constantine l'ordre de se rendre auprès du gou-

verneur général de l'Algérie pour remplir une mission concernant l'expédition de Zaatcha;

Considérant qu'il n'a pas rempli cette mission; qu'il ne s'est pas rendu auprès du gouverneur général, mais qu'il s'est embarqué à Philippeville pour revenir à Paris;

Considérant qu'un officier servant en France au titre étranger se trouve en dehors de la législation commune aux militaires français, mais qu'il est tenu d'accomplir le service auquel il s'est engagé;

Considérant que M. Pierre-Napoléon Bonaparte, en ladite qualité, n'était ni le maître de quitter son poste sans autorisation, ni le juge de l'opportunité de son retour à Paris;

Sur le rapport du ministre de la guerre,

Décrète :

Art. 1er. — M. Pierre-Napoléon Bonaparte est révoqué du grade et de l'emploi de chef de bataillon à la légion étrangère.

Art. 2. — Le ministre de la guerre est chargé de l'exécution du présent décret.

Fait à Paris, à l'Élysée-National, le 19 novembre 1849.

LOUIS-NAPOLÉON BONAPARTE.

Le ministre de la guerre,
D'HAUTPOUL.

On voit que le décret n'était pas introuvable, et que, si les panégyristes avaient été un peu plus animés de l'amour de la vérité et un peu moins possédés de l'instinct de la platitude, ils auraient pu, sans trop de peine, remplacer leurs probabilités peu probables par une parfaite certitude. Au reste, le décret lui-même laisse deviner la vérité plutôt qu'il ne la dit tout entière; il faut bien ménager un peu les neveux d'un empereur passé et les cousins d'un empereur futur. Toutefois, si la vérité n'est pas nettement formulée, elle est assez transparente pour qu'on doive des éloges à l'honorable marquis d'Hautpoul (1) de l'avoir aussi légèrement vêtue. A travers la gaze dont il la couvre on voit très-bien :

1º Que c'est *sur sa demande* que le héros d'Auteuil avait été employé à l'expédition de Zaatcha ; il se proposait sans doute d'y conquérir son bâton de maréchal. Malheureusement, les Arabes ne sont pas aussi respectueux pour les princes, plus ou moins chrétiens, que les carabiniers du pape, et quand l'indomptable compagnon de Valentini les eut vus de près, il jugea à propos de venir remplir à Paris la mission qu'il avait sollicitée et reçue pour Zaatcha. Dans le langage tempéré du ministre d'Hautpoul, cela s'appelle « *ne pas accomplir le service auquel on s'est engagé,* » mais en vrai style militaire et juridique, cela s'appelle *déserter devant*

_____

(1) Le général marquis d'Hautpoul était, du reste, connu dans l'armée par sa brutale et parfois spirituelle franchise. Ayant eu à inspecter, une certaine année, la division du général Randon, aujourd'hui maréchal de France, il résuma ainsi son rapport sur le héros de Kabylie : « Petit homme, petit cœur, petit esprit, petit courage. » A son entrée au ministère de la guerre, le premier soin de tout nouveau ministre est de se faire apporter son dossier et de l'expurger ; il est donc probable que les curieux à venir ne trouveraient pas dans les archives de la guerre le rapport du général d'Hautpoul sur son honorable collègue, s'il leur prenait fantaisie de le chercher. Mais nous avons appris de la bouche de M. d'Hautpoul lui-même que ce rapport a été fait, dans les termes que nous venons de rapporter. Ah ! si l'on pouvait lire le dossier de l'incorruptible Saint-Arnaud, *avant son ministère !* Mais peut-être en donnerons-nous, quelque jour, un aperçu.

l'ennemi. Aussi l'honorable ministre se borne-t-il à révoquer le déserteur, en se fondant sur ce « qu'un officier servant en France au titre étranger se trouve en dehors de la législation commune aux militaires français; » ce qui veut dire, en bon français, que, si Son Altesse Impériale avait servi *au titre national*, elle aurait été bel et bien fusillée, à moins qu'elle n'eût eu la chance de son impérial oncle, le grand Nabulione, dit Napoléon, qui a déserté plusieurs fois devant l'ennemi et qui n'a pas été fusillé une seule.

Les Arabes de Zaatcha n'ayant point su toucher son cœur, le valeureux chef de bataillon, toujours plein de vie, grâce à l'*étrangeté* de son grade, résolut d'exercer ses vertus guerrières contre quelques Français.

Un des premiers qui lui tomba sous la main, — c'est bien le mot, — fut le citoyen Gastier, vénérable vieillard, représentant du peuple comme le sieur Pierre Buonaparte.

C'était en 1849. Le représentant Dariste lisait un rapport sur une demande en autorisation de poursuites contre les représentants Sonnier et Richardet, auteurs d'un article sur une exécution capitale pour crimes politiques. Pendant que le rapporteur lisait l'article incriminé, le représentant Gastier en applaudit une phrase, et presque en même temps quelqu'un, mais non M. Gastier, prononça le mot *imbécile*, qui s'appliquait au chef du pouvoir exécutif. M. Gastier était placé juste derrière Pierre Buonaparte, qui, on le sait, siégeait sur les sommets de la Montagne, et qui lui appliqua en pleine assemblée un vigoureux soufflet. Tumulte et scandale effroyable dans l'assemblée! Grâce à l'intervention de plusieurs représentants, le calme finit par se rétablir. M. Gastier était un vieillard n'ayant jamais manié épée ni pistolet ; il ne pouvait donc demander une réparation ordinaire, sans aller presque sûrement à la boucherie. En conséquence, le colonel Charras, d'abord, et ensuite le colonel Peloux, parent du docteur Gastier, furent chargés de proposer au sauvage insulteur un duel à bout portant, avec un seul pistolet chargé. Proposition bien généreuse de la part de M. Gastier et à laquelle le noble aventurier fit chaque fois la même réponse : « Tout cela ne signifie rien ; que M. Gastier vienne me voir, nous dînerons ensemble, et cela s'arrangera à merveille. » Les antécédents du vainqueur d'Albanie n'étaient pas entièrement ignorés ; le docteur Gastier flaira un guet-apens, et il se décida à recourir aux tribunaux. On voit qu'un soufflet donné par Son Altesse, en pleine Assemblée législative, « ne signifie rien ; » mais qu'un soufflet reçu et même non reçu par Son Altesse, presque en tête-à-tête, est digne d'une foule de coups de revolver.

Bonne altesse ! « noble cœur ! » comme dit, paraît-il, l'impératrice Eugénie.

Ce n'est pas tout ce que nous apprend l'affaire du docteur Gastier. Ce vénérable représentant eut donc recours à l'intervention des tribunaux. M. Baroche était alors procureur général ; son réquisitoire à la Chambre est curieux à rapprocher de celui du procureur général Grandperret, dans la récente demande de poursuites contre le représentant Rochefort : « Le fait de violence, disait M. Baroche, est un délit prévu par l'art. 311 du Code pénal, *sauf au tribunal à prendre en considération les paroles provocatrices qui ont pu être prononcées.* »

On voit avec quelle tendre sollicitude M. Baroche re-

commande d'avance l'auguste coupable à l'indulgence
des juges ; jamais on n'avait vu tant de bienveillance
dans un procureur général. M. Grandperret n'a pas
imité ce touchant modèle, dans sa demande de poursuites contre M. Rochefort.

Monsieur le président, dit-il, j'ai l'honneur de demander
au Corps législatif l'autorisation de poursuivre l'un de ses
membres, M. Rochefort, pour offenses envers l'Empereur
et provocation à la révolte et à la guerre civile, en vertu
des art. 86 du Code pénal et 2 de la loi du 17 mai 1819.

On ne sent dans ces lignes pas la moindre tendresse
pour l'accusé ; il est vrai qu'il s'agissait, dans le cas de
M. Rochefort, d'un article de journal, tandis que dans
le cas du violateur Pierre, il ne s'agissait que du plus
bas, du plus lâche attentat, par voie de fait, à la dignité
de la représentation nationale, de la plus scandaleuse
insulte à la majesté du suffrage universel !

Le vénérable docteur Gastier ne fut pas le seul Français avec qui l'échappé des maquis eut des difficultés.
Un rédacteur du *Corsaire*, le duc René de Rovigo, eut
« l'honneur, » comme dirait l'ami de La Gattina, de se
mesurer avec lui. Ce qui se passa dans ce duel peint
assez bien le personnage pour que nous le fassions
connaître ; l'histoire mérite d'autant plus de crédit
qu'elle a été racontée dans le journal d'un autre ami du
héros, *le Pays, journal de l'Empire*.

Le duel eut lieu au sabre :

Il s'est produit dans ce combat un fait qu'on n'a pas dit :
A un certain moment, dit l'ami de Pierre, M. René de
Rovigo, ayant été blessé au bras, avait laissé tomber son
sabre sur l'herbe.

Aussitôt son adversaire, faisant un bond, s'était emparé de cette arme et la brandissant à la manière d'un triomphateur du cirque, il s'écriait d'une voix tonnante, trop tonnante même :

— Ce sabre est à moi! Je l'ai conquis! il m'appartient! Je le garde!

Un des témoins, le comte de Coëtlogon, eut toutes les peines du monde à lui faire comprendre que les choses ne se passaient pas ainsi en France, et qu'il fallait absolument restituer le sabre.

Il finit pas obéir, mais en criant toujours :

— Je l'ai conquis! Il est à moi! Je veux qu'on me le rende!

Nous avons parlé d'échappé des maquis; c'est faire tort évidemment aux habitants de ces repaires de la vendetta corse. Cette fureur à se jeter sur une arme qu'on a fait tomber des mains d'un adversaire, à la considérer comme un prix de la lutte, à la brandir en signe de triomphe, n'est ni d'un Corse des maquis, ni d'un Européen; c'est tout ce qu'on pourrait attendre d'un de ces naturels de la Tasmanie que des expériences nombreuses ont démontré être absolument réfractaires à toute civilisation, et que la civilisation doit faire disparaître de la surface du globe, comme elle doit faire disparaître tous les êtres, animaux ou végétaux, incompatibles avec elle.

Puisqu'il « faut être juste, » comme dit le doux ange de Mirande, nous devons avouer que l'impérial « admirateur du Calabrais et du Transtéverin » n'emploie pas toujours des procédés aussi sauvages pour conquérir ces armes pour lesquelles il a une véritable passion

de collectionneur, « *mais qu'il ne porte* JAMAIS *sur lui,* »
dit le très-véridique et très-enfant terrible La Gattina ;
c'est donc par une exception unique dans sa vie, qu'il
avait un revolver dans sa poche, pendant la journée du
10 janvier. L'aveu est bon à retenir, il trouvera sa place.
Le prince, disons-nous, emploie donc, parfois, des procédés de conquête très-civilisés, et que ne désavouerait
pas un modeste pick-pocket. Voici un échantillon de
son savoir-faire :

Vers l'année 1858, un parent du comte Testa-Ferrata, de Malte, inventa un nouveau canon dont il avait
exécuté un petit modèle en cuivre, d'une grande perfection. Un certain Corse, du nom de Franceschini, qui
se donnait comme l'aide de camp du prince — (l'ex-chef
de bataillon chassé pour désertion, se donnait le luxe
d'un aide de camp !) — vit ce modèle curieux et demanda
qu'on le lui confiât pour le montrer au prince Pierre
Buonaparte, grand amateur et grand connaisseur d'armes. L'inventeur confia son modèle, lequel fut porté à
Son Altesse par « son aide de camp, » qui, si nous en
croyions certaines communications nullement invraisem-
blables, continuerait encore aujourd'hui à jouer, et aurait joué, notamment, dans les jours qui ont précédé le
meurtre, sinon le rôle d'un « aide de camp » au moins
le rôle d'un aide quelconque. L'admiration de l'impériale altesse pour le nouveau canon fut si grande, qu'elle
ne pouvait détacher ses yeux du petit chef-d'œuvre, et
qu'après plusieurs mois, celui-ci n'avait pas encore été
restitué à son inventeur et propriétaire. L'inventeur tenait naturellement beaucoup à son invention, et il
chargea plusieurs personnes, y compris « l'aide de
camp » Franceschini, de la réclamer à qui de droit ; mais

peu de personnes se souciaient de porter ces réclamations à leur adresse, le détenteur du petit chef-d'œuvre
étant généralement considéré comme une bête féroce,
fort dangereuse à approcher dans certains moments.
La famille du comte Testa-Ferrata partageait cette opinion, et aucun de ses membres n'osa aller présenter
elle-même une réclamation directe. Après un grand
nombre de tentatives infructueuses, l'inventeur se décida à réclamer par la voie diplomatique. On s'adressa
au consul de France à Malte, qui transmit, en 1860, la
réclamation à M. Géry, préfet de la Corse, où Pierre
Buonaparte résidait souvent, mais qui se trouvait alors
à Bruxelles. M. le préfet Géry s'est-il acquitté de la mission qui lui avait été transmise par le consul de France?
Il est permis d'en douter, car, dans une lettre fort équivoque que M. Géry écrivit au consul, il laissait assez clairement entrevoir qu'une mission comme celle qu'on lui
confiait n'avait pas grande chance de réussir et qu'elle
n'était peut-être pas exempte de tout danger. Ce qu'il y a
de certain, c'est qu'à l'heure qu'il est, après plus de *onze
années* d'attente, le fameux canon n'a pas été restitué à
son inventeur! Il est probable qu'il orne la fameuse
salle d'armes d'Auteuil, par laquelle Victor Noir a été
conduit à l'abattoir. Et voilà comme on peut faire, à
peu de frais, de belles collections d'armes!

Mais revenons à des exploits d'un autre genre, plus
dignes d'un « sang enflammé chargé d'étincelles. »
Nous avons parlé des naturels de la Tasmanie; n'est-ce
pas à un bipède de cette race, ou plutôt à un monomaniaque homicide que semble appartenir l'attentat suivant? On hésite, en vérité, à le croire possible, même
après les détails très-circonstanciés qu'on va lire, et

pourtant devant ces détails il est difficile de conserver un doute. Que le lecteur juge donc; nous rapporterons le fait sans aucun commentaire.

En 1863, j'étais sergent-major au 36ᵉ de ligne. Ma compagnie était en garnison à Calvi; les quatre sergents, le fourrier et moi prenions pension chez une vieille fille, la nommée Anna Grimaldi, qui soutenait son frère, infirme depuis 1849. Voici en quelle circonstance le pauvre diable avait été victime de l'assassin de Victor Noir.

A cette époque, Grimaldi avait vingt ans, il était berger chez M. Ferri Pisani, riche propriétaire de Vivario, village situé à moitié chemin de Corte à Ajaccio.

C'était, je crois, dans le mois de juillet; le prince Pierre passait en chaise de poste à environ 2 kilomètres de Vivario. Sa voiture s'arrête, il descend armé d'un fusil à deux coups, et fait signe au berger de venir lui parler. Celui-ci accourt. Aussitôt, M. Pierre le questionne sur ses maîtres et sa famille, puis brusquement lui demande s'il était brave et si la vue d'un fusil ne lui faisait pas peur. Sur la réponse négative du jeune homme, il le met en joue, fait feu, et le malheureux tomba à terre la jambe droite fracassée. Puis, du second coup il vise le chien, l'étend mort aux pieds de son maître mourant. Puis, joignant l'insulte à son horrible forfait, il lui jette deux sous en lui disant : Va boire un verre d'aquâ-vita, avant de crever.

Si cet acte odieux n'était pas connu de tout le 36ᵉ de ligne et de toute la Corse, je n'aurais jamais osé le répéter.

J'accepte toute la responsabilité de ce que j'avance; vous pouvez donc en toute sécurité le publier.

Quoique j'aie encore un an de service ou plutôt de servitude à faire, je ne crains pas de signer :

Léon-Justin BÉNIER, sergent-major en congé illimité, à Rouen, 70, rue du Renard.

(*La Marseillaise*, 24 janvier 1870.)

L'anecdote suivante est moins tragique, mais elle prouve, ce qui n'est plus guère nécessaire, au point où nous en sommes, jusqu'à quel point le revolver est familier à Son Altesse; c'est, chez elle, une selle à tous chevaux ou, si l'on veut, une réponse à toute question désagréable ou embarrassante, un remède à toute situation gênante. Le revolver, en un mot, est un des procédés ou plutôt le seul procédé d'argumentation de Son Altesse.

Marseille, le 31 janvier 1870.

Monsieur le Rédacteur,

Dans l'un des derniers numéros de *la Marseillaise*, il est fait mention d'une scène de violence qui eut lieu, il y a un certain nombre d'années, sur le chemin de fer d'Avignon à Marseille, entre M. Pierre Bonaparte et un honorable citoyen de Marseille. Le fait est vrai, mais votre récit renferme quelques inexactitudes que je crois devoir vous signaler. Je me trouvais sur les lieux avec une autre personne de mes amis qui pourrait au besoin vous attester comme moi la véracité des faits qui, du reste, ont eu pour témoins de nombreuses personnes. Voici comment les choses se passèrent :

M. Pierre Bonaparte se rendait en Corse, et il occupait un compartiment d'une voiture de première classe, en compagnie d'une jeune dame et de son secrétaire. A la station de Tarascon, pendant que le train était arrêté, l'honorable M. Auzilly, fort connu à Marseille, et qui avait alors l'entreprise du camionnage du chemin de fer, se présenta pour prendre place dans le compartiment où se trouvait M. Pierre Bonaparte. Celui-ci avait, à ce qu'il paraît, retenu pour lui et ses deux compagnons de voyage toutes les places du compartiment. Au lieu de dire poliment ce qu'il en était à M. Auzilly, qui était un homme bien élevé, il le repoussa brutalement sans lui donner la moindre explication et faillit le faire tomber à terre. M. Auzilly, indigné de se voir accueilli d'une façon aussi grossière et aussi inconvenante, apostropha vivement son brutal agresseur et chercha à pénétrer de force dans le compartiment d'où il venait d'être repoussé. M. Pierre Bonaparte s'arma alors d'un pistolet, le braqua sur lui en menaçant de faire feu. L'intervention des employés de la gare et de divers voyageurs, au nombre desquels je me trouvais, empêcha que l'altercation ne dégénérât en une scène de meurtre.

Vous ferez, Monsieur le Rédacteur, l'usage que vous voudrez de ces lignes. Seulement, si vous les publiez, vous m'obligerez de les signer seulement de mes initiales, ceci par convenance particulière. Si les faits étaient contestés, je puis vous donner des preuves de leur véracité.

Agréez, etc.

A. D.

(*La Marseillaise*, 27 janvier 1870.)

On doit bien supposer qu'un noble chevalier, qui avait un tel mépris pour la vie, — j'entends la vie des autres, — ne professait pas un respect exagéré pour leurs droits, pour les lois et les usages sociaux. « Le prince Pierre, dit son panégyriste et ami « *très-honoré*, » La Gattina, « a sur la loi des idées du Moyen Age; » manière délicate de dire que, pour le haut baron Pierre, les lois sont faites pour lui et contre tout le monde, ou, en d'autres termes, que la seule loi, c'est son bon plaisir. Deux exemples, entre mille, pour montrer comment les membres de la famille nouvelle comprennent et appliquent les principes de 89 dont ils se sont faits les fidèles gardiens.

Je crois devoir vous signaler deux faits concernant l'assassin de Victor Noir qui, pour être de moindre importance que la plupart de ceux déjà produits sur ses antécédents, n'en témoignent pas moins de son caractère et de sa constante disposition à se mettre au-dessus des lois.

I. En 1855, alors que j'étais interne à Ajaccio, il n'était bruit que des exploits de Pierre Bonaparte, en disgrâce, disait-on, avec le cousin.

Or, tandis que la chasse était rigoureusement défendue dans toute l'étendue de l'île pour ôter tout prétexte de port d'armes, en raison des vendettas et du brigandage, le prince exilé chassait avec ses compagnons de plaisir journellement et ouvertement.

II. Vers la fin de cette année 1855, il arriva que le susdit, pris sans doute d'un impérieux désir de revoir le continent (peut-être pour réclamer une augmentation de pension), s'embarqua, je ne sais comment; mais voici comment il revint. Au lieu d'attendre à Toulon le jour du départ du bateau à vapeur pour Bastia, il trouva plus commode de monter sur celui qui faisait le service des dépêches d'Ajaccio, et de se faire conduire à Bastia avec les dépêches et les passagers pour Ajaccio.

Toute la population d'Ajaccio, dans la plus grande inquiétude, attendit en vain sur le quai du port l'arrivée du bateau, qui n'arriva que le lendemain, parce qu'il avait plu au prince de se rendre immédiatement à Bastia.

Qui est-ce qui n'était pas content? Un peu tout le monde, mais surtout les passagers d'Ajaccio qu'on avait emmenés bon gré mal gré à Bastia.

Je vous certifie l'exactitude de ces deux faits, et vous salue fraternellement.

A. ROUYER,
Médecin, proscrit du 2 Décembre.

Le second fait est plus récent; il a eu pour théâtre

ce poétique village d'Auteuil, retraite jadis chantée et
enchantée des Boileau, des Racine, des Molière et des
La Fontaine, cette même maison témoin du nouveau
crime, demeure actuelle d'un monomaniaque homicide,
et dont les murs entendirent, jadis, les entretiens philo-
sophiques, poétiques, humanitaires de l'hospitalière,
de l'excellente Mme Helvétius, et des esprits d'élite qui
formaient la *Société d'Auteuil*. Il y a quelques années,
une faible parcelle du jardin qui avait ombragé les
douces pensées de l'auteur du livre de *l'Esprit*, se trouva
tranché par un des alignements du grand démolisseur
de France, le proconsul Haussmann. Le nouveau propriétaire Pierre n'entendait pas qu'on touchât à son
jardin, et comme il a sur le droit « des idées du Moyen
Age, » il n'était pas facile de lui faire comprendre celles
du Code Civil, dit mal à propos, Code Napoléon, quoique Napoléon ne l'ait point composé ou écrit et qu'il
n'y ait même collaboré que pour quelques-unes de ses
plus mauvaises dispositions. Pour vaincre ses résis-
tances, M. Haussmann qui paraît avoir une grande confiance dans la puissance de l'argent, fit offrir au hobereau rébarbatif trente mille francs d'un morceau de
terrain qui en valait bien quinze cents. Le hobereau ne
voulut rien entendre ; le meunier de Sans-Souci ne fut
pas plus intraitable. Mais s'il y avait des juges à Berlin,
le Parisien Haussmann n'avait à compter qu'avec un
jury d'expropriation : le jury fut assemblé, et il prononça l'expropriation réclamée moyennant une indemnité de trois mille francs. Comme on le voit, M. Haussmann, qui offrait généralement à ses expropriés deux
ou trois fois moins que le jury ne leur allouait, avait offert dix fois plus à l'altesse d'Auteuil ; il est vrai que

celle-ci n'a, dit-on, pour vivre, qu'une pension impériale de cent mille francs.

Voilà donc l'expropriation prononcée; il ne s'agit plus que de faire exécuter la décision du jury. Le seigneur des maquis, fort de son droit féodal, déclare hautement qu'il brûlera la cervelle au premier démolisseur qui osera toucher à une pierre de son mur, et les maçons, qui n'aiment pas qu'on leur brûle la cervelle, refusent positivement de procéder à la démolition. M. Haussmann était très-dévoué à l'Empereur et à son auguste famille, et très-respectueux pour tous les droits de seigneur, — qui étaient les siens, — mais à une condition, c'est que son respect et son dévouement ne contrariaient point ses alignements; sur ses alignements, il était d'une férocité qui ne le cédait en rien à celle du prince Pierre, et comme celui ci avait renoncé devant Záatcha à l'avantage de commander à des régiments français, tandis que M. Haussmann avait sous son commandement toute la gendarmerie de la Seine et toutes les escouades de son collègue Boitelle, il n'hésita pas un seul instant : une escouade de sergents de ville et un peloton de gardes de Paris furent chargés d'escorter quelques maçons et de les protéger contre les revolvers ou les carabines du successeur d'Helvétius. C'est sous la protection de cette force imposante que fut opérée la démolition de quelques mètres du mur entourant le terrain exproprié à son Altesse; grâce à cette mesure, aucun maçon n'eut la cervelle brûlée, et la population d'Auteuil fut touchée de la douceur de caractère de son seigneur et de la noble et courageuse fermeté avec laquelle le grand Haussmann défendait ses alignements.

On doit avoir maintenant une idée suffisante quoiqu'incomplète de la vie civile de l'impérial « soudard, » — comme l'appelle toujours son terrible et *très honoré* La Gattina, quoiqu'il n'ait pas servi bien longtemps à la guerre. — Un mot pour terminer sur sa vie politique, car il faut le dire pour la honte, mais aussi pour l'enseignement du suffrage universel, cet aventurier sanguinaire, sans foi ni loi, a obtenu un rôle dans la scène politique, et un rôle qu'il aurait pu rendre important, si les organes de la bestialité avaient laissé, dans son crâne, plus de place à ceux de l'intelligence.

En 1848, donc, le vainqueur d'Albanie brigua le manda. de représentant du peuple, et il n'est pas sans intérêt le rappeler les sentiments dont il faisait étalage devant .es chers concitoyens de la Corse :

Citoyens,

Monoère était républicain ; je le suis donc par conviction, pæ instinct, par tradition.

La Roublique, telle qu'il la comprenait, telle que la comprenent les *grands citoyens* qui viennent de l'inaugurer sinoblement en abolissant la peine de mort en matière polïque, la République est la plus belle réalisation des théor.s qui peuvent inspirer l'amour du prochain, de la gloire ede la patrie. La sagesse des vues, la pureté des intentions, la modération des mesures, voilà la trinité sainte qui ésume la doctrine d'un vrai républicain. Le renouvellelent des sanglantes saturnales, des odieux excès que. rovoqua jadis l'excès du mal, est désormais heureusemet impossible. Aux hypocrites alarmistes, aux ennemis patits ou cachés de la République, le peuple héroïque de Pás, ce peuple invincible dans le combat, si

généreux dans le triomphe, ce peuple qui avait tant souf-
fert, a fait la meilleure réponse par son attitude calme,
confiante et résolue. Le choix des hommes qu'il a mis à
sa tête est une garantie que le drapeau de la République
ne sera pas profané ni par de coupables fureurs, ni par de
honteuses faiblesses. Tel est le radieux avenir qui se pré-
pare pour la France, tel est l'ordre social que je suis prêt
à servir jusqu'à la dernière goutte de mon sang!

Vive la France! Vive la République! Vive la Corse!

PIERRE-NAPOLÉON BONAPARTE.

Paris, 12 mars 1848.

Grand républicain, citoyen héroïque, « noble cœur! »
qui versera pour la République jusqu'à la dernière
goutte de son sang! Que dis-je, de son sang! il se dévouera même, sacrifice pour lui bien plus énorme,
il se dévouera jusqu'à « verser le sang des autres! Il
le jure sur l'âme de son père à l'un de ses « *grands citoyens* » qui ne lui demandaient pas tant d'abnégation.

C'était en 1848, dit le correspondant anglais de *la Gazette de Francfort*, qui garantit l'authenticité du ait. Le
prince Pierre Bonaparte et son frère cadet, Antine, se
présentèrent un jour chez Ledru-Rollin.

Celui-ci refusa d'abord de les recevoir; mais es deux
Bonaparte, ayant suivi le domestique, pénétrèren, sur ses
talons, dans le cabinet de son maître.

Là, ils protestèrent à l'envi de leur ardent amour pour
la République; ils jurèrent de poignarder le président, leur
cousin, s'il osait tenter un coup d'État.

Le frère cadet, pour accentuer son serment, tira un
poignard, qu'il brandit comme un héros de mélodrame.

Pierre lui saisit le bras, et, lui arrachant le poignard :

— Non! moi! s'écria-t-il, c'est à moi, comm aîné, que

revient le droit de tuer le misérable, s'il essayait jamais de renverser la République !

La République de 1848 avait reçu tant de protestations ardentes dont la chaleur disparut comme un feu follet dans les brumes du 10 décembre, qu'on pouvait à bon droit craindre pour la foi de Pierre ; mais sa vertu ne faiblit pas. En 1850 encore, si ce n'est plus tard, il écrivait des lettres comme la suivante, adressée, dans le mois d'août de cette année, à M. Renault de la Gardette, ancien représentant du peuple pour le département de Vaucluse. Si, comme nous l'espérons, M. Renault est toujours de ce monde, il pourra communiquer sa lettre à qui trouvera intérêt à la lire. En voici le sens et quelques-uns des termes essentiels :

Cher ancien collègue,

Rassurez-vous... je crois qu'il ne se trame rien à l'Élysée contre la République, et j'ai lieu de me croire bien renseigné...

Dans tous les cas, une entreprise ne me paraît pas bien à craindre ; le peuple est là... S'il arrivait que le président eût l'abominable pensée de porter « *une main sacrilége sur la Constitution*, je serais *le premier* à monter à cheval et à me mettre à la tête du peuple *pour renverser le* TYRAN ! »

Au lieu du « *tyran* » c'est la Constitution et la République qui ont été renversées, et, au lieu de poignarder le « *misérable*, » le nouveau Brutus s'est contenté d'adresser d'abord des élégies à ces « grands citoyens » dont il parlait dans sa profession de foi aux Corses. Voici ce qu'il écrivait à l'un d'eux, à Lamartine, le 25 novembre 1857 :

Val de Luzzobeo (Corse).

Mon cher et illustre ancien collègue,

. . . .

. . . . , ...

Qui m'eût dit que dans ces jours d'enthousiasme, où, mêlé à tout un peuple, je défilais en brandissant mes armes, ivre d'espoir, devant le gouvernement provisoire de la République, qui m'eût dit que ces jours aboutiraient à un temps où les amis de la liberté n'ont d'autre ressource que de se replier douloureusement sur eux-mêmes, ou d'aller chercher un autre patrie !

Je ne dois pas vous cacher qu'en vous entendant parler de cette Syrie que vous avez *si bien décrite, je me suis demandé si je ne devais pas suivre votre exemple, surtout si je devais espérer que vous me permettriez parfois d'adoucir* MES REGRETS DE RÉPUBLICAIN ET MA CONFUSION DE BONAPARTE *aux rayons de votre génie indulgent.*

Agréez, etc.

PIERRE-NAPOLÉON BONAPARTE.

N'ayant poignardé personne, le nouveau Brutus se transforme en Tibulle, et veut s'en aller dans une autre patrie, pleurer en liberté l'assassinat de sa mère adorée, sa chère République française. Mais, toutes réflexions faites, au lieu de diriger ses pas vers les rives du Jourdain, il vient brouter au budget de l'Empire, sur les bords fleuris qu'arrose la Seine ; et, comme le naturel ne manque jamais de revenir au galop ; que les distributeurs de budget sont, dans tous les temps, personnes on ne peut plus respectables, au lieu de poignarder les étrangleurs de la République, il égorge les

républicains! Il faut reconnaître, pourtant, qu'en égor-
geant ainsi, il agit moins par devoir et par reconnaissance que par excès de zèle ou par amour de l'art; son
panégyriste et ami « très-honoré » de La Gattina, — on
n'est jamais trahi que par les siens, — nous apprend,
en effet, que la pension que reçoit Pierre Buonaparte, et
qu'il a tant peur de perdre, ne lui a pas été octroyée à
titre gratuit :

« L'Empereur, dit l'enfant terrible d'Italie, a *muselé*,
— mot aussi juste qu'expressif, — son cousin *par la
dotation.* »

Mais en quoi consiste le *musèlement?* Le voici :

« L'Empereur lui a interdit le Sénat, l'armée, —
l'armée, je le crois bien! le sénat, je le comprends
moins, — et le Corps législatif. » Excepté le Sénat, qui
rapporte 30,000 fr., le reste est peu de chose; mais
voici qui vaut mieux : « Il s'apprêtait à publier l'histoire de son père, *bien qu'*ON LUI AIT PRIS *les documents
les plus précieux.* » *Qu'on lui ait pris* est une manière
délicate de dire....., eh? eh? comment dirai-je moi-
même? je ne veux pas dire que le noble Pierre ait... *vendu*
ses documents, — lesquels ne sont autres que les mémoires de son père! — Je dirai donc qu'il les a échangés
ou, si l'on veut, qu'ils les a donnés très-libéralement, et
que, très-libéralement aussi, on lui a fait une place au
râtelier de l'Empire. Entre personnages de cour et de
noble lignée, tout se fait noblement, tout devient digne
de respect : un prolétaire vend sa femme ou sa fille, il
est déshonoré; un courtisan vend sa conscience et l'honneur de son père, il reçoit un portefeuille avec l'estime
des « honnêtes gens. » Un boucher saigne une fille de
joie, il est pendu; un prince viole les vierges, fusille

les manants, poignarde les gendarmes, revolvérise les douaniers, en attendant qu'il chourine les journalistes, — on lui fait une pension !

Tout cela est dans l'ordre....., dans l'ordre..... qui règne à Varsovie !

Pour nous conformer à cet ordre, nous dirons donc, très-respectueusement, que Son Altesse Impériale Pierre Buonaparte a fait hommage à son auguste cousin de la partie des mémoires de son père Lucien, la moins honorable pour la mémoire de l'homme de Brumaire ; comme c'est très-respectueusement aussi, qu'après avoir tracé la succincte et incomplète biographie qui précède, nous essaierons d'interpréter les dernières paroles et de qualifier le dernier exploit de très-noble, très-haut et très-puissant seigneur, Son Altesse Impériale Pierre-Napoléon Buonaparte, dont la vie peut se résumer par cette longue liste de titres et dignités :

Prince du revolver,
Duc de la carabine,
Chevalier du poignard,
Grand feudataire des Calabres,
Suzerain des maquis,
Violateur de filles,
Souffleteur de vieillards,
Bobêche politique,
Démocrate forcené,
Admirateur de Brumaire,
Pensionné de décembre,
Digne neveu (1), moins l'intelligence, de l'Empereur ancien,

(1) Grâce à de récents et sérieux travaux, la vie de l'homme de

Cousin germain du nouveau,
Enfin, héros d'Auteuil !

IV

L'INSTRUCTION

Nous connaissons, maintenant, les acteurs du drame sinistre du 10 janvier ; recherchons quels ont été, quels ont dû être leurs actes et leurs paroles, en nous basant sur des faits positifs, sur la nature des hommes et des choses, et non, comme a cru pouvoir le faire un journaliste trop naïf ou trop habile, sur « l'honneur » d'un meurtrier d'habitude et de constitution. L'honneur d'un assassin ! il faut être, vraiment, disciple de Brid'Oison, à moins de l'être de Basile, pour fonder sur une telle base l'appréciation morale d'un homicide.

Brumaire et de l'assassin du duc d'Enghien commence à être aujourd'hui assez justement appréciée, pour qu'il soit inutile de justifier le rapprochement que nous faisons ici, entre l'oncle de Vincennes et le neveu d'Auteuil. Qu'on nous pardonne seulement de rappeler le fait suivant, raconté par le héros lui-même, et qui prouve — (nous le prouverons plus amplement, du reste, dans l'étude que nous préparons sur LA PSYCHOLOGIE *de Nabulione Buonaparte, dit Napoléon Bonaparte*), que l'aventurier des Pyramides manquait de

Ce n'est pas Figaro qui s'en serait contenté ; sans être une perle de scrupule, le spirituel barbier était encore beaucoup trop honnête et surtout trop intelligent, pour commettre une pareille bévue. A l'écart donc l'honneur

---

sens moral tout autant, pour le moins, que l'aventurier de Canino. Je me borne à ce fait parce que l'auteur ne peut lui donner aucun prétexte militaire ou politique.

Nabulione parle d'une gourgandine, la femme Turreau, qui l'accompagnait dans sa première campagne d'Italie :

« La promenant un jour, dit-il, au milieu de nos positions, dans les environs du col de Tende.,... il me vint subitement à l'idée, » — il me vint à l'idée ! voilà le style qu'un homme d'un bien grand mérite pourtant, M. Thiers, n'hésite pas à comparer au style de Voltaire ! — il me vint subitement à l'idée de lui donner le spectacle d'une petite guerre, et j'ordonnai une attaque d'avant-poste. Nous fûmes vainqueurs, il est vrai, *mais* ÉVIDEMMENT, *il ne pouvait y avoir de résultat.* L'ATTAQUE ÉTAIT DE PURE FANTAISIE, et pourtant *quelques hommes* y restèrent. Aussi, plus tard, toutes les fois que le souvenir m'en est revenu à l'esprit, je me le suis fort reproché ! »

Noble cœur ! comme l'on dit du neveu Pierre, qui se reproche *fort*, quand le hasard lui rappelle ce souvenir, d'avoir mis *quelques hommes,* — sa générosité n'a pas compté, sur le carreau, — pour distraire les loisirs, flatter ou étonner les regards d'une drôlesse ! Mais à quoi bon s'arrêter à ces quelques hommes ? Les mobiles étaient-ils beaucoup plus moraux, quand il immolait six cent mille hommes dans les déserts glacés de la Russie, ou qu'il en abandonnait honteusement trente mille, déjà réduits de moitié, sur la terre d'Égypte, où l'avaient poussé les suggestions d'un orgueil insensé et le besoin morbide du merveilleux !

Ah ! ce serait un beau travail de psychologie sociale que celui qui nous montrerait par quels secrets ressorts de valeureux soldats, et même des générations entières, ont pu subir l'empire et attacher leurs vies et leurs fortunes à la fortune et aux caprices de pareils êtres, possédés par des instincts immondes. Celui qui accomplira ce grand travail rendra un grand service aux peuples et méritera bien de la civilisation.

du prince Pierre, et voyons les paroles et les faits.

Un meurtre a été commis par Pierre Buonaparte, sur la personne de Victor Noir;

Une tentative de meurtre, deux fois réitérée, a été commise par le même personnage, sur M. Ulric de Fonvielle.

Voilà deux premiers faits.

Pierre Büonaparte est seul accusé d'assassinat; voilà un troisième fait, conséquence des deux autres.

·C'est donc à Pierre Buonaparte de se défendre de l'accusation; voilà une seconde conséquence.

De quelle façon pouvait-il se défendre? Il n'est pas bien difficile de le deviner. Son Altesse n'avait pas vingt systèmes à sa disposition; il n'en avait pas dix; il n'en avait pas deux : il n'en avait qu'un seul.

Le crime et l'attentat n'avaient eu d'autres témoins que les victimes; il fallait persuader au public que les victimes avaient attaqué le meurtrier et que celui-ci n'a fait que se défendre. Et le prince, n'ayant pas d'autre système, a *choisi* effectivement celui-là. Comment l'a-t-il mis en œuvre? Ah! ici, il y avait plus de choix, par conséquent, plus de difficultés, plus d'intelligence à développer, et la digne Altesse, malgré les nobles auxiliaires qui lui ont apporté leur généreux concours, ne s'en est pas tiré avec tout le bonheur qu'on devait espérer en divers lieux. Il se pourrait, il est vrai, que les auxiliaires ne fussent pas arrivés assez tôt auprès d'elle; c'est ce que l'examen rigoureux des faits va peut-être nous apprendre.

Le docteur Pinel, on s'en souvient, est arrivé auprès de monseigneur, — c'est ainsi que tout le monde appelle et *est obligé* d'appeler, à Auteuil, l'incorruptible et ardent démocrate, — cinquante à soixante minutes après le meurtre. Quatre personnes se trouvaient alors dans le salon, théâtre de l'événement : lui, docteur Pinel, son confrère Morel, médecin-pharmacien du prince, le prince lui-même et la princesse sa femme. Ces deux derniers personnages étaient très-émus, et Pierre surtout était dans un état d'exaltation qui excluait toute combinaison d'idées. J'ai été attaqué! je me suis défendu! il y a eu lutte! Que faut-il que je fasse? que me conseillez-vous de faire? disait-il au docteur Pinel, et une foule d'autres questions et exclamations qui prouvaient le désarroi de son cerveau. Tout en disant qu'il avait été attaqué, qu'il y avait eu lutte, il se défendait, sinon très-énergiquement, au moins avec assez d'insistance d'avoir reçu un soufflet, — malgré les douces instances de son médecin, — pour que le docteur Pinel ait cru que le prince ne désirait pas du tout qu'on certifiât qu'il avait reçu un soufflet, mais seulement qu'il avait été frappé, qu'il y avait eu lutte. Il est de la dernière évidence, d'après cela, qu'à ce moment il n'avait pas encore rédigé sa version et encore moins ses deux versions, qu'il n'avait point arrêté son plan de défense.

Abordons maintenant l'examen de ces versions; ce sont les pièces capitales du procès.

La première chose qui frappe dans la confrontation de ces deux pièces, c'est que *deux copies* D'UNE MÊME MINUTE, TOUTES DEUX CERTIFIÉES EXACTES, diffèrent cependant sur plusieurs points importants, nous dirions volontiers sur tous les points importants.

A cette différence, il n'y a que quatre explications possibles :

Ou **M.** de Grave a impudemment trompé le public, en affirmant qu'il a copié exactement, devant trois personnes, le prince non compris, une pièce qu'il a copiée inexactement ou qu'il n'a pas copiée du tout ;

Ou c'est **M.** Paul de Cassagnac qui a agi de la sorte ;

Ou bien c'est le meurtrier qui a trompé MM. Théodore de Grave et Paul de Cassagnac, en leur donnant à copier deux versions différentes, toutes deux certifiées « sur l'honneur » comme n'étant qu'une version unique ;

Ou bien, enfin, rédacteur et copistes se seront entendus tous les trois pour dérouter et tromper les juges et le public.

De ces quatre explications, quelle est la véritable ? Je crois qu'il sera possible de le discerner sans trop de peine, et avec assez de certitude, pour que les imperceptibles doutes qui résisteront à un examen approfondi ne puissent obscurcir en rien la vérité capitale que nous devons rechercher, c'est-à-dire le degré de culpabilité du meurtrier.

Disons, d'abord, que nous avons une répugnance invincible à croire qu'un homme, — quelles que soient ses tendances politiques et même ses faiblesses personnelles, — que rien de notoire n'a signalé au mépris public, s'avilisse jusqu'à faire un faux pour servir un assassin, même un meurtrier excusable. Nous croyons donc fermement, nous affirmerons même volontiers que la copie publiée par M. Théodore de Grave est rigoureusement exacte ; elle porte, d'ailleurs, en elle-même, quelques caractères d'exactitude, car elle dénote encore un certain trouble d'esprit, et l'échafaudage mensonger de la défense y est assez inhabilement édifié, pour qu'on n'y puisse méconnaître la vérité sous le voile souillé qui la couvre. La version copiée par M. de Grave a donc été écrite la première, on y sent le premier jet d'un cerveau encore congesté, troublé par les dernières agitations de la fureur et par la première apparition du spectre de la justice.

Ainsi, dans cette copie, on trouve ces paroles ineptes placées dans la bouche de Victor Noir s'adressant à Pierre Bonaparte : *Lisez la lettre*, paroles qui auraient été prononcées au moment où le meurtrier venait précisément de lire la lettre ! C'est une aberration corrigée avec art dans la seconde version, mais non pas avec assez d'art, pour qu'on n'aperçoive pas la falsification. Le meurtrier répond bien encore ces mots : « *elle est toute lue*, » mais sans avoir dit préalablement qu'il a lu, en effet, la lettre ; en sorte que ces mots : « *elle est toute lue* » pourraient à la rigueur signifier : « *je n'ai pas besoin de la lire* pour vous répondre » (ou : « pour savoir ce que j'ai à faire). »

Autre différence : au moment où la première version a été écrite, le docteur Pinel n'était parti que depuis peu de temps, puisqu'il n'a dû sortir de l'hôtel du prince que vers *trois heures quinze minutes*, et que cette version était déjà écrite quand M. de Grave est arrivé, c'est-à-dire à trois heures, s'il fallait l'en croire ; mais il se trompe évidemment, puisque le docteur Pinel n'était pas encore arrivé à trois heures, et qu'après sa sortie il a encore fallu au meurtrier le temps d'écrire sa version. M. de Grave a donc pu arriver, au plus tôt, à trois heures et demie ou quatre heures moins le quart. En rédigeant sa première version le meurtrier ne devait donc pas être entièrement remis de l'agitation constatée par M. Pinel,

et il n'était pas non plus parfaitement fixé sur son plan
de défense et sur le système du soufflet. Aussi, le meurtrier a-t-il évité d'écrire le mot soufflet dans sa première version ; il s'est contenté de dire qu'il avait été
« frappé fortement au visage, » ce qui peut bien signifier qu'on a été frappé avec la main, mais ce qui pourrait signifier, au besoin, qu'il a été frappé avec tout autre
corps, une canne, par exemple.

Troisième différence : Dans la première version, l'accusé parle de l'*attitude énergique* de son bras gauche, à
moitié levé, attitude qui, ainsi que nous le démontre-
rons un peu plus loin, rend impossible l'application
d'un soufflet sur la joue gauche ; dans la seconde version, cette circonstance est habilement passée sous
silence.

Aussi, soit que le meurtrier compte désormais sur
quelque témoignage, quelque secours inconnu, sur
quelque argument décisif, sur le crédit de sa parole
impériale, ou même sur la rétractation du docteur Pinel,
soit qu'il ait été rassuré par une réponse de M. Conti
ou par le souvenir de l'impunité de ses crimes passés,
dans la seconde version, il affirme catégoriquement le
soufflet, comme un homme qui se croit sûr de le faire
accepter au public, ou tout au moins aux juges.

Quatrième différence, et celle-ci est plus importante
encore que les autres, quoique les autres le soient
beaucoup : Dans la version de Grave, le meurtrier
« *a la main dans sa poche, tenant son petit revolver* »
tout prêt ; dans la version de Cassagnac, le meurtrier
« *a rapidement* PRIS un pistolet *de poche* et a fait feu sur
Victor Noir. » Cette rédaction donne à entendre, sans
toutefois le dire formellement, que le pistolet « *pris*

rapidement » a été *pris ailleurs que dans la poche;* elle donne plus de vraisemblance au système de légitime défense ; elle écarte en grande partie l'idée de la préméditation. Tout cela sent trop la réflexion et l'art, pour que tout cela ne soit pas mensonge et falsification, ce que nous rendrons encore plus évident, s'il est possible, par quelques remarques ultérieures.

Enfin, cinquième différence, et nous nous en tiendrons à celle-là, quoiqu'il y en ait d'autres encore, le meurtrier n'avait fait, dans la première version, que laisser entrevoir une confiance modérée dans la sécurité de sa situation, il semblait plaider, en quelque sorte, les circonstances atténuantes; dans la version Cassagnac, il montre la plus fière assurance : « Je me bornerai, dit-il, à ajouter que ces messieurs ont *oublié* — le mot est heureux — chez moi une boîte à pistolets.— la boîte à *pistolets* est un étui à un seul revolver — et une canne à épée; CELA SUFFIRA à montrer que la lettre de M. Paschal Grousset n'était qu'un prétexte pour m'entraîner dans une embuscade parfaitement préparée. »

Voilà, désormais, l'assassin transformé en victime et l'accusé en accusateur ! Mais Son Altesse se trompe : la présence sur le parquet d'un étui de revolver et d'une canne à épée ne suffit pas pour prouver un projet d'embuscade de la part de ses victimes, ni même pour prouver l'absence d'un guet-apens de sa part. Cela prouve seulement l'horrible surprise qu'a dû leur causer un attentat d'autant plus imprévu, qu'il est sans exemple dans notre société. Et quant à la confiance de Son Altesse, elle prouve seulement que dans l'intervalle qui s'est écoulé entre les deux versions, Son Altesse a reçu quelques conseils généreux, quelques assurances bienveillantes, qui ont rassuré ses esprits agités et lui ont permis de construire un peu moins maladroitement l'édifice de ses mensonges. Quel a été ce conseiller tutélaire, ce bienveillant rassureur, peut-être ce co-rédacteur de la seconde version ? Beaucoup de personnes ont nommé M. Paul de Cassagnac. Quant à nous, nous ne nommerons ni M. Cassagnac ni aucun autre, car nous n'admettons pas qu'il soit permis d'accuser qui que ce soit d'une action aussi infâme, sans preuves absolument péremptoires. Nous nous en tiendrons donc au fait acquis, et nous croirons, jusqu'à preuve du contraire, que le meurtrier seul a falsifié ses premiers mensonges par des mensonges nouveaux. Si nous nous faisons une trop haute idée des scrupules de M. de Cassagnac ou une idée trop faible de son dévouement, il pourra réclamer.

Nous croyons donc que la seconde version, comme la première, a été écrite par le meurtrier, avec ou sans conseil officieux.

En résumé, nous considérons comme s'éloignant le moins de la vérité, comme rendant la recherche de la vérité plus facile, la version de M. de Grave; c'est donc cette version surtout que nous allons passer au crible d'une sévère critique, en faisant observer que, si le meurtrier a menti dans celle-là, à plus forte raison a-t-il menti dans l'autre. Il est, d'ailleurs, démontré par l'existence même de deux versions différentes, qu'il a déjà menti une fois devant le public, et la lettre suivante semble indiquer qu'il doit avoir menti une seconde fois devant les juges, sans préjudice de la nécessité où il pourra se trouver de mentir encore, dans les débats.

Monsieur le Rédacteur,

Une foule de publications périodiques ou autres, malveillantes ou favorables, me prêtent des paroles ou des *écrits* que je n'ai jamais prononcées, que je n'ai jamais rédigés.

Je vous serais bien reconnaissant de déclarer, en mon nom, que je ne reconnais la stricte exactitude que des réponses que j'ai faites dans mes interrogatoires.

Avec une grande considération,

Votre bien affectionné,

P.-N. BONAPARTE.

Cette lettre, chose étrange! dans laquelle le meurtrier parle des « *écrits* » que lui *prêtent* des publications *même favorables*, et qu'il n'a « *jamais rédigés*, » cette lettre est adressée à ce même ami, M. Paul de Cassagnac, qui a fait insérer, dans une publication *favorable*, l'un de ces *écrits*, « TEL, dit-il, QU'IL A ÉTÉ RÉDIGÉ PAR LE PRINCE *aussitôt après l'événement*. » Et, ce qu'il y a de plus étrange encore, c'est que M. de Cassagnac insère cette lettre dans son propre journal, — *très-favorable*, — sans un mot de réflexion! enfin, ce qui est plus étrange que tout, c'est que, à notre connaissance, M. de Grave ne réclame pas davantage! Après tout, cela regarde ces honorables écrivains; ils sont juges de leur dignité et de leur conscience; tant que les intérêts de la vérité ne l'exigent pas absolument, nous n'avons pas le droit de sonder l'une ni de qualifier l'autre, et la vérité peut, heureusement, se passer ici du témoignage de ces écrivains : qu'ils secondent ou qu'ils ne secondent pas l'accusé, dans son plan de défense; que l'accusé modifie ce plan ou ne le modifie pas, la vérité n'aura pas à en souffrir; que la version de M. de Grave soit falsifiée ou sincère, de son examen jaillira la vérité, assez éclatante pour que personne ne puisse se soustraire à sa lumière, et, par conséquent, pour que notre but soit rempli, car notre seul but est d'éclairer le public, de démasquer le mensonge, et de servir ainsi les intérêts de la justice... nous entendons de la justice philosophique, historique, universelle ! Quant à la justice pratique, officielle, spéciale, exceptionnelle, de l'Empire, c'est aux magistrats impériaux à la servir comme ils l'entendent, d'après leurs lumières et les inspirations de leur conscience. Cette justice-là n'a besoin ni d'auxiliaires ni de défenseurs officieux; escortés de six cent mille baïonnettes, ses arrêts sont toujours sûrs de passer partout sans encombre... excepté peut-être sur le terrain de l'histoire, où ils pourraient bien, s'ils n'étaient pas équitables, rencontrer quelques obstacles. Les ruelles de Nuremberg et les fossés de Vincennes ont laissé passer, dans un temps, la justice de l'Empereur; aujourd'hui et depuis longtemps, ruelles et fossés sont connus du monde entier pour ce qu'ils furent : d'exécrables coupe-gorges, où d'ignobles valets d'un bourreau couronné ont joué une infâme parodie de la justice! Que la magistrature du second Empire n'oublie pas ce jugement de l'histoire, car il est encore moins susceptible d'appel que ceux de la Haute Cour.

Encore une remarque avant d'aborder la discussion des circonstances du meurtre et des récits du meurtrier, et cette remarque sera empreinte d'une profonde tristesse : S'il est un principe mille et mille fois proclamé, accepté, professé en France par tous les partis, passé, pour ainsi dire, à l'état de dogme sacré, indiscutable, c'est celui de l'égalité devant la loi. Or, l'immense intérêt qu'il y a pour la justice à constater, sur-le-champ, toutes les circonstances d'un crime, dans les cas dits de « flagrant délit » a fait suspendre, dans ces cas spéciaux, tous les priviléges particuliers attachés à certaines situations sociales, et, parmi eux, le premier de tous, celui dont un représentant du peuple est très-légitimement investi. Eh bien! ce principe sacré, ce principe si essentiel à la bonne administration de la justice, cette garantie tutélaire de la sécurité de chaque citoyen, ce principe a été outrageusement violé, à propos du crime d'Auteuil, et violé de la manière la plus affligeante, la plus humiliante pour une nation, la plus redoutable pour chaque citoyen; il a été violé, sans qu'un haut fonctionnaire ait été obligé de prendre seul la responsabilité de la violation; il a été violé par tout le monde à la fois, par le commissaire, par les agents de police, par le public lui-même, qui, dans le cas de crime et de flagrant délit, a le droit et le devoir de seconder la justice, en devançant, quand il le peut, ses investigations; il a été violé, enfin, par vice constitutionnel de l'administration et de la société. A voir cette foule intimidée et cette police inerte, il semblait qu'une barrière inviolable protégeât la caverne d'un meurtrier de race impériale. Si le crime avait été commis dans la maison ou dans l'appartement d'un bourgeois, pas un citoyen ne serait passé sans s'y précipiter pour arrêter le coupable; devant la maison d'un prince, et quel prince! tout le monde semble frappé de stupeur et méconnaît ou viole ses droits et ses devoirs! Une telle violation n'est pas seulement une grande faute, c'est un

triste symptôme pour une nation; chacun de nous doit
faire le douloureux aveu de cette faute, en assumer sa
part de responsabilité, y prendre une leçon de virilité
civique, y puiser, enfin, des inspirations et des forces
pour la défense de ce grand principe de l'égalité devant la
loi, sans lequel il n'y a de sécurité pour aucun citoyen.

Si les auxiliaires patentés de la justice ou, à leur
défaut, si les citoyens, fortement pénétrés de leurs droits
et de leurs devoirs, avaient envahi, aussitôt après le
meurtre, le domicile du meurtrier; s'ils l'avaient saisi,
interrogé lui-même, profité du trouble de ses idées,
pour s'éclairer sur toutes les circonstances du crime, la
vérité serait sortie toute seule et dans tout son éclat,
de cette investigation publique; tandis qu'aujourd'hui,
grâce au coupable mauvais vouloir des uns, à la déplorable pusillanimité des autres, nous sommes obligés de
la dégager du monceau d'impostures sous lequel meurtrier et souteneurs s'efforcent de l'étouffer. La tâche,
heureusement, n'est pas insurmontable, et il suffira
d'un peu de bonne volonté et de bon sens pour la remplir au gré de l'équité.

La copie de M. Théodore de Grave, que nous avons
le droit, ainsi que nous l'avons dit, de considérer
comme conforme à la minute écrite par l'accusé jusqu'à
ce que le copiste soit poursuivi pour faux témoignage,
se compose de sept paragraphes que nous retranscri-
rons et discuterons successivement, en les confrontant,
quand besoin sera, avec ceux de la version Cassagnac.

I. — « Ils se sont présentés, d'un air menaçant, les
mains dans les poches; ils m'ont remis la lettre que
voici : »

Suit la lettre de M. Paschal Grousset à MM. Ulric de Fonvielle et Victor Noir (voir cette lettre, p. 22). Il est inutile d'en reproduire ici les termes, qui sont d'une convenance parfaite, comme toutes les lettres écrites en pareilles circonstances par des hommes civilisés. Il n'y a qu'un Tasmanien ou un compagnon de *Theodorò*, pour menacer un adversaire à qui l'on propose une affaire dite « d'honneur, » de lui mettre les « tripes aux champs » ou de lui « faire une boutonnière qu'un habile chirurgien ne pourra pas *raccommoder*. »

Maintenant, est-il admissible que deux témoins chargés de porter une lettre écrite dans les termes de celle de M. Grousset, se soient présentés dans l'attitude que leur prête Pierre Buonaparte, c'est-à-dire avec les mains dans les poches, et, par conséquent, avec les chapeaux sur la tête? Assurément non, mille fois non. Cela n'est pas admissible, d'abord, parce qu'on ne trouverait pas en France deux citoyens, encore moins deux écrivains, capables d'une aussi honteuse inconvenance; ensuite, parce que MM. Victor Noir et Ulric de Fonvielle avaient déjà donné, en maintes circonstances analogues, assez de preuves d'esprit, de courtoisie et de bonne éducation, pour qu'il soit absolument impossible de les croire capables d'une grossièreté aussi stupide. Ces honorables mandataires se sont donc présentés comme se serait présenté le premier Français venu, leurs chapeaux à la main, et l'un d'eux, une canne et une lettre, outre son chapeau; une autre preuve encore que les chapeaux étaient à la main et non sur la tête, c'est qu'ils sont tombés à terre, quand les mains sont devenues nécessaires à l'un des mandataires et que la force a manqué à l'autre; si les chapeaux avaient été sur la tête, ils s'y seraient maintenus tout seuls. Il est donc démontré *physiquement*, que les prétendus agresseurs de Pierre Buohaparte n'avaient, en se présentant devant lui, ni les chapeaux sur la tête ni « les mains dans leurs poches. »

Conclusion : — L'assassin a subi, dès les premiers mots de sa défense, la nécessité où se trouvent tous ses pareils, celle de mentir ; et, comme ses pareils, il a menti. Seulement, il a menti de la manière la plus inintelligente en prêtant à des journalistes parisiens, à des Français, une attitude et des propos qu'on ne trouve que chez les plus abjects matamores de Corse et d'Italie.

II. — « Après la lecture de cette lettre, j'ai dit : Avec M. Rochefort, volontiers ; avec ses *manœuvres*, non ! »

Son Altesse Impériale reconnaît avoir traité de manœuvres les collaborateurs de M. Rochefort, et par conséquent, les mandataires présents devant elle, lesquels étaient au nombre de ces collaborateurs. C'est quelque chose ; mais ce n'est pas évidemment assez. Il est impossible qu'avec ses habitudes de langage, Son Altesse n'ait pas trouvé des épithètes d'un plus haut goût, et le récit de M. de Fonvielle nous prouve que son vocabulaire ne lui a pas fait défaut en cette circonstance ; nous y reviendrons. Il nous paraît plus utile, pour le moment, de passer au troisième paragraphe.

III. — « Lisez la lettre, a dit le grand (Victor Noir), d'un ton..... »

Que le lecteur veuille bien serrer ici le raisonnement : Son Altesse vient de lire une lettre qu'on lui apporte ; elle répond aux messagers, *d'après le contenu de cette lettre*, et, pour réplique à sa réponse, l'un des messagers, Victor Noir, lui dit : *Lisez la lettre !*

Oh! pour le coup, Son Altesse ne ment pas seulement, elle divague !

Quand elle a écrit ces deux lignes, des bouffées de sang lui étaient assurément montées au cerveau, comme il arrive souvent aux personnes qui se livrent aux actes familiers à Son Altesse. C'est une sage précaution de la nature en faveur des gens paisibles et honnêtes ; car si les personnes de la catégorie de Son Altesse raisonnaient comme Pascal ou Voltaire, il serait souvent très-difficile de découvrir leurs machinations, et la société resterait souvent sans défense contre leurs héroïques exploits. Cet état particulier du cerveau aurait été indubitablement constaté chez le meurtrier d'Auteuil, si la justice avait été secondée comme elle aurait dû l'être et comme elle l'aurait été, incontestablement, si elle n'avait pas eu affaire à un coupable de race impériale, ou si tout le monde avait été fermement pénétré que, dans une société virile, l'égalité devant la loi ne doit pas être un vain mot.

Quand au *ton*..... avec lequel Victor Noir a pu dire « lisez la lettre, » et que Son Altesse ne spécifie pas autrement que par des points, il en est probablement de ce prétendu ton comme « des mains dans les poches. »

Conclusion : — A la seconde allégation, Son Altesse a menti comme à la première ; mais elle a menti plus sottement encore, et elle s'est empêtrée dès le second mensonge. Il n'est pas étonnant que ses honorables conseillers, protecteurs et convives l'aient engagée à modifier ses batteries, et l'on a vu qu'en effet la version de Cassagnac diffère, ici, de la version de Grave ; mais que Son Altesse veuille bien se persuader que ces artifices ne dépisteront pas le bon sens public.

IV. — « J'ai répondu : elle est toute lue ; en êtes-vous solidaires. »

Nous ne répéterons pas les remarques que nous avons faites précédemment sur ce paragraphe (voy. p. 98). Nous insisterons seulement sur ces mots : « En êtes-vous solidaires, » lesquels ont, en effet, dû être prononcées par Son Altesse, non pas précisément d'une façon aussi sèche qu'on les trouve dans la version de Grave, mais plutôt avec les accompagnements qu'on lit dans la version de Fonvielle (voy. p. 24) et qui nous conduisent à l'important paragraphe suivant :

V. — « J'avais la main droite dans la poche de droite de mon pantalon, *sur mon petit revolver à cinq coups*, mon bras gauche était à moitié levé, *dans une attitude énergique*, lorsque le grand m'a frappé fortement au visage. »

Nous voilà aux entrailles de la question, c'est-à-dire à l'argument essentiel de la défense; mais cet argument est trop intimement lié au suivant pour qu'il n'y ait pas avantage à les discuter ensemble. Transcrivons donc immédiatement le sixième :

VI. — « Le petit (M. Ulric de Fonvielle) a tiré de sa poche un pistolet à six coups. J'ai fait deux pas en arrière et j'ai tiré sur celui qui m'avait frappé. »

Passons, maintenant, ces deux paragraphes capitaux au crible de la critique, et tâchons de séparer ce qu'ils renferment de mensonge et de vérité, sans oublier la contradiction qui existe, à leur sujet, entre les versions de Grave et de Cassagnac.

Ce qu'il nous paraît y avoir de vrai, dans la version de Grave, — car dans l'autre tout est manifestement faux, — c'est que le cousin de S. M. l'Empereur avait

sa main *droite* dans sa poche *droite;* cela nous paraît
vrai, non pas précisément parce que Son Altesse le dit,
mais surtout parce qu'il serait assez incommode, même
à une altesse capable de tout, de tenir sa main *droite*
dans la poche *gauche* de son pantalon. Oui, cette allégation est vraie, et ce doit être à peu près la seule vraie
et même la seule vraisemblable de toute la narration de
Son Altesse. Avec la bonne foi qui doit appartenir aux
empereurs et à tous leurs cousins, Son Altesse en conviendra, pour peu qu'il lui reste la moindre dose de
bon sens, et qu'elle veuille bien suivre le raisonnement
suivant, qui ne doit pas manquer pour elle, d'un
certain intérêt :

Son Altesse avait donc sa main *droite* dans sa poche
droite sur son « *petit* revolver, » comme qui dirait son
petit amour de revolver, son revolver mignon, choisi
pour fusiller coquettement, galamment et sans tapage
les journalistes trop peu admirateurs des hauts faits de
Son Altesse, les grands revolvers, les revolvers formi-
dables, étant probablement réservés pour foudroyer les
escouades de douaniers ioniens ou les brigades de carabiniers papalins. Son Altesse avait donc, nous le répétons, sa main droite sur son *petit* revolver (1), et son

---

(1) On se rappelle que, dans la version Cassagnac, le meurtrier
« *a pris rapidement* » un revolver. Mais où l'a-t-il pris ? est-il allé
le chercher dans son arsenal ? Évidemment non. Est-ce qu'il y a des
pistolets sur tous les meubles, dans le salon de Son Altesse ? Nous
savons qu'il y a, ou qu'il y avait tout au moins, le jour du meurtre,
un pistolet d'arçon suspendu à la cloison qui sépare le salon de la
salle d'armes, entre la porte et la fausse porte qui se trouvent dans
cette cloison; mais ce pistolet d'arçon était seul dans le salon, et il

bras gauche dans une attitude « énergique » quand le grand l'a frappé.

Pour peu qu'elle y réfléchisse, Son Altesse conviendra que la précaution qu'elle avait prise était légèrement exagérée :

Porter la main sur son revolver, quand un quasi-adolescent de vingt-deux ans vous a frappé, cela se peut, à la rigueur, concevoir, quoique cela soit déjà bien sévère; mais l'y porter et l'y tenir ferme, avant que cet adolescent, — dont la figure n'avait rien de sinistre, — vous frappe, ce n'est point l'attitude d'un homme placé dans la nécessité de se défendre, c'est celle d'un malfaiteur qui s'est promis d'attaquer; c'est l'attitude d'un logicien de grands chemins, qui raisonne, ainsi que presque tous ses confrères, de la manière que nous ferons connaître un peu plus loin. Épuisons d'abord le 5e et le 6e paragraphe.

Il me faut, ici, faire un aveu : Son Altesse Impériale a donné à un rédacteur du *Figaro* sa « parole d'honneur » qu'elle avait été « frappée fortement au visage, » et ensuite, sa parole, — d'honneur aussi probablement, — à un rédacteur du *Pays* qu'elle avait reçu un soufflet, sans dire qu'il ait été fort ou faible. Nous ne rappellerons pas qu'il avait déjà dit au docteur Pinel qu'il n'avait point reçu de soufflet, mais sans lui en donner, il est vrai, sa parole d'honneur. Eh bien, voici

---

est resté en place. Où donc l'assassin a-t-il « pris rapidement » son *petit* revolver? Dans sa poche? Oh! alors, ce n'était pas la peine de mentir pour si peu. Il valait bien mieux s'en tenir à la première version, et si M. de Cassagnac a été consulté, il aurait été bien mal inspiré en donnant ce conseil.

notre aveu : la parole d'honneur de Son Altesse Impériale ne nous suffit pas! Tous les Troppmann, tous les Poulmann, tous les Dumolard ont donné leur parole d'honneur, et quelquefois même plusieurs paroles d'honneur, qu'ils avaient donné ou reçu, qu'ils avaient fait ou qu'ils n'avaient pas fait telle ou telle chose; on n'a pas eu foi dans leurs paroles d'honneur, et rien n'est venu prouver qu'on ait eu tort. Laissons donc, encore une fois, de côté l'honneur de Son Altesse, que nous ne voulons pas mettre en question, et voyons ce que la raison peut nous apprendre.

Nous allons raisonner, bien entendu, comme si Son Altesse tenait toujours à son soufflet, et sans nous préoccuper des nouvelles versions que peut présager sa lettre à son ami de Cassagnac. Nous ne devinons pas trop, d'ailleurs, par quoi Son Altesse pourrait remplacer le soufflet, tandis que nous voyons très-bien les motifs qu'elle a d'y tenir. Par malheur, nous avons un motif meilleur encore de le lui refuser... c'est qu'il est impossible, absolument impossible que Son Altesse l'ait reçu! Et cela est impossible pour plusieurs raisons dont une seule suffirait.

La première, c'est que Son Altesse, en s'avançant vers Victor Noir, avait « son bras gauche dans une attitude *énergique.* » Il est vrai que cette attitude a disparu de la version Cassagnac. Mais comment imaginer que M. de Grave, — qui n'est point d'ailleurs poursuivi pour faux témoignage, — ait inventé cette attitude énergique? Cela est absolument inadmissible, impossible; M. de Grave a copié cette attitude parce qu'il l'a trouvée écrite, et si l'attitude a été écrite par Son Altesse, c'est que l'attitude avait été bien réelle,

car personne au monde ne supposera, ne croira que
Son Altesse puisse faire un mensonge..... en faveur de
ses victimes. L'attitude *énergique* est donc réelle, elle
est démontrée. Eh bien, à supposer même que cette
attitude ne dise que ce qu'elle semble dire, qu'elle ne
signifie pas, par exemple, que Son Altesse a donné un
soufflet, au lieu de le recevoir, nous prétendons que cette
attitude s'oppose absolument à ce que Son Altesse ait
reçu un soufflet, encore moins un fort soufflet, et moins
encore un fort soufflet qui n'aurait atteint que l'apophyse mastoïde, située derrière l'oreille gauche! Que le
lecteur veuille bien se placer un instant dans l'attitude
décrite par Son Altesse, c'est-à-dire le bras à moitié
levé, à la hauteur du visage par conséquent, prêt à
faire succéder instantanément l'action au repos, et qu'il
se demande s'il pourrait, dans cette position, recevoir
d'un adversaire placé en face de lui un soufflet, précisément sur le côté du visage protégé par son bras? Évidemment non; un adversaire, dans ce cas, ne pourrait
pas effleurer notre joue, à plus forte raison ne pourrait-
il pas venir appliquer sa main derrière l'apophyse mastoïde, c'est-à-dire presque derrière la tête! Nous reviendrons et nous insisterons, du reste, dans un moment,
sur cette blessure de l'apophyse mastoïde. Ainsi, il est
déjà radicalement, matériellement impossible que Son
Altesse, placée dans l'attitude qu'elle a décrite, ait reçu
le fameux soufflet; en prétendant l'avoir reçu, elle n'a
pas seulement imaginé un mensonge infâme, elle a dit
une flagrante absurdité.

Quoique l'évidence soit faite sur ce point, il est cependant d'autres raisons que nous ne voulons point
passer sous silence.

7

Supposons que la joue gauche de Son Altesse n'eût pas été protégée ; admettons, — par impossible, — que méconnaissant la mission grave, sacrée dont il était investi, mentant à son caractère, à tous les précédents de sa vie, déjà fort accidentée, Victor Noir se fût oublié jusqu'à frapper un homme vers lequel il était envoyé en parlementaire, l'aurait-il frappé de but en blanc, sans rime ni raison, comme une brute, enfin ? Il serait insensé de le supposer. Que Victor Noir eût frappé Pierre Buonaparte, quand celui-ci traitait les collaborateurs de M. Rochefort de *manœuvres* (suivant les versions du meurtrier) ou à la fois de *manœuvres*, de *charognes* et de *misérables* (suivant la version plus vraisemblable de M. de Fonvielle), cela se pourrait, à la grande rigueur, concevoir. Mais point du tout ; le meurtrier raconte lui-même que Victor Noir a reçu ces injures sans sourciller ; qu'il y a même répondu de la façon la plus pacifique ; et ce serait au moment où le meurtrier pose aux parlementaires cette question, si innocente après les injures qui précèdent : « en êtes-vous solidaires ? » (de la lettre), c'est à cette question que Victor Noir aurait répondu par un fort soufflet ! En vérité, c'est trop faire de Victor Noir une brute idiote ! c'est montrer trop de mépris pour le bon sens public !

On trouvera sans doute que nous insistons beaucoup sur cet échafaudage de mensonges ineptes autant qu'infâmes, qui peuvent bien servir de grossier canevas à quelques scribes soudoyés, mais qui ne peuvent tromper que les esprits fermés d'avance à la vérité la plus éclatante ; nous ferons cependant encore une remarque, pour en terminer sur ce point.

Victor Noir, on se le rappelle, était doué d'une force

et d'une agilité exceptionnelles ; un « fort soufflet » reçu
de sa main aurait assez étourdi un adversaire quel qu'il fût,
— à supposer qu'il ne l'eût pas renversé, — pour donner à l'agresseur tout le temps nécessaire, soit pour s'en
aller, soit pour surveiller les desseins du souffleté et
pour en empêcher la réalisation, dans le cas où ils auraient paru dangereux. Qu'on se rappelle la façon dont
Victor Noir en agit avec le personnage qui était venu le
trouver pour lui donner des coups de canne (voir p. 45).
En outre, un « fort soufflet » donné par la main de
Victor Noir aurait laissé sur la joue du premier venu
des traces assez durables, pour que le docteur Pinel et
tout le monde eussent pu les constater, non-seulement
quelques minutes, mais plusieurs heures après l'événement. Mais nous affirmons, et nous allons proposer de
faire juger notre affirmation par une épreuve décisive,
nous affirmons de la manière la plus formelle, que si
Pierre Buonaparte avait reçu un fort soufflet de la main
de Victor Noir, il eût non-seulement été ébranlé ou
renversé, mais surtout que son visage eût conservé des
traces du choc, *pendant plusieurs jours*, si ce n'est pendant plusieurs semaines.

Pierre Buonaparte, comme la plupart des membres
de sa famille, comme son père, comme son oncle Nabulione, comme son frère Charles et probablement comme
ses autres frères, est doué de cet embompoint lympha-
thique, qui n'exclut pas toujours la force physique,
mais qui dénote la mollesse et la fragilité des tissus, leur
peu de résistance aux agents extérieurs ; outre cet état
constitutionnel, Pierre Buonaparte est profondément
goutteux ; il passe pour diabétique, et il en a les appa-

rences (1) ; il est certain, tout au moins, qu'on a constaté chez lui, une ou plusieurs fois, la présence de l'albumine dans l'excrétion urinaire. Un choc, même peu violent, sur une partie quelconque de son corps, à plus forte raison sur une région aussi délicate que celle du visage, doit nécessairement produire des suffusions sanguines, et, si Son Altesse avait reçu un « fort soufflet » de Victor Noir, elle aurait porté sur toute la joue l'ecchymose qu'elle portait derrière son oreille. Il y a un moyen infaillible de s'en convaincre, et si elle persiste à soutenir l'existence du soufflet, Son Altesse ne peut qu'en accepter avec bonheur l'épreuve : ce moyen consiste à se faire donner un nouveau soufflet par une main vigoureuse et consciencieuse ; si ce soufflet ne produit sur sa joue qu'une rougeur éphémère, Son Altesse a pu dire la vérité ; mais s'il laisse après lui une rougeur et un gonflement persistants, à plus forte raison une ecchymose, c'est que Son Altesse Impériale a menti.

Nous prédisons, sans hésiter, que Son Altesse n'acceptera pas l'épreuve, car cette épreuve enlèverait à ses souteneurs la seule chance qu'ils ont d'en imposer aux imbéciles, et Son Altesse n'ignore pas que les imbéciles sont nombreux, même dans le spirituel pays inventeur du Vaudeville.

Cela dit, passons à l'examen de la fameuse ecchymose.

_____

(1) Il y a environ dix-huit mois, un anthrax, symptôme assez fréquent du diabète, se développa à la partie inférieure du dos du meurtrier ; cet anthrax fut ouvert par le docteur Nélaton, et aujourd'hui encore, la plaie n'est pas entièrement cicatrisée. Cela donne la mesure de l'état malsain des tissus chez Son Altesse.

Cette ecchymose, nous l'avons démontré, ne peut pas avoir été produite par un soufflet. Peut-elle avoir été causée par un coup de canne? La question semble oiseuse, puisque le meurtrier ne prétend pas avoir été frappé avec une canne; cependant, comme le désaveu de ses deux premières versions peut faire supposer de nouveaux mensonges imprévus, il n'est peut-être pas sans intérêt de montrer que la canne de M. de Fonvielle n'a pas été moins étrangère à l'ecchymose que la main de Victor Noir.

D'abord, la fameuse attitude *énergique* ne s'opposait pas moins et s'opposait même davantage au choc d'une canne sur le visage qu'à celui d'une main; le bras aurait pu être frappé, mais non la figure. De plus, à supposer que la canne eût frappé la tête, ce corps rectiligne aurait nécessairement contondu les parties latérales de la face et l'oreille, qui sont sur un plan plus excentrique, avant de contondre l'apophyse mastoïde; cette apophyse fût-elle très-développée chez Son Altesse, comme elle l'est ordinairement chez les meurtriers (1), la canne n'aurait même pas meurtri seulement l'oreille, elle l'aurait très-probablement divisée, écrasée, car l'oreille se trouve non-seulement sur un plan plus extérieur que l'apophyse mastoïde, mais elle recouvre en partie cette dernière. Pour contondre l'apophyse mastoïde *seule*, un coup de canne devrait être donné par le bout, c'est ce qu'on appelle donner un coup de bout, ce qui est évidemment impossible à un adversaire placé en face de soi. Cela ne se pourrait, à

---

(1) On sait que la phrénologie place avec raison dans cette région la protubérance ou *bosse* du meurtre.

la rigueur, que si la canne était une canne à bec ou à
pommeau très-saillant autour de la tige ; mais nous savons que la canne de M. de Fonvielle était droite, rectiligne d'un bout à l'autre. Ainsi, il est absolument
impossible d'attribuer l'ecchymose mastoïdienne à un
coup de canne, lors même que cette arme aurait été
dans les mains de Victor Noir, et nous savons qu'elle
était dans celles de M. de Fonvielle.

Cependant, l'ecchymose existait (1) ; à quoi l'attribuer ? L'examen de cette question ne manque pas d'un
certain intérêt.

On se rappelle que le docteur Pinel a cru pouvoir
rapporter à cinq causes l'ecchymose ou la contusion
qu'il a observée, à supposer que cette contusion fût de
date récente, ce que le docteur Pinel n'a pas pu constater avec toute la rigueur nécessaire; on se rappelle
qu'il n'a fait que voir assez rapidement la lésion, mais
qu'il n'a pas pù la toucher. De ces cinq causes (voyez
p. 38), il en est quatre tellement improbables, pour ne
pas dire impossibles, dans les conditions où le crime
d'Auteuil a été commis, que nous nous croyons dis-
pensé de les examiner; la cinquième, seule, serait jusqu'à un certain point admissible ; voici cependant
pourquoi elle nous paraît devoir être repoussée.

Dans un choc du côté de la tête sur un corps solide,

---

(1) Il nous est revenu que certains souteneurs, plus ou moins
scientifiques, voudraient tirer parti d'une distinction d'école entre
l'*ecchymose* et la *contusion*. Si quelque argumentation fondée sur
une pareille subtilité se montrait au grand jour, il serait temps de
l'examiner. Nous ne saurions, en tous cas, prévoir ce que le meurtrier
Pierre pourrait gagner à avoir une contusion plutôt qu'une ecchymose ou *vice-versâ*.

sur le chambranle d'une porte, par exemple, l'apophyse mastoïde, à cause de sa situation, sur laquelle nous avons déjà insisté, ne peut porter seule que si le corps en question offre des points saillants. Dans le chambranle d'une porte, la partie saillante est une vive arête; le choc de l'apophyse sur cette vive arête aurait produit une contusion linéaire, ou du moins allongée, et non une lésion circulaire; de plus, sur la ligne où la vive arête aurait porté, on aurait remarqué une contusion beaucoup plus prononcée qu'ailleurs, si ce n'est même une division des tissus. Le choc de l'apophyse sur le sommet d'un angle solide polyédrique, d'une pyramide pour mieux dire, aurait, à plus forte raison, divisé les tissus, non sur une ligne, mais sur un point.

Ainsi donc, la contusion ou l'ecchymose de Son Altesse n'a pas été produite par le choc de l'apophyse mastoïde sur la vive arête d'un chambranle de cheminée, ni sur le sommet pyramidal d'un corps solide quelconque, le coin d'une table ou d'un entablement de cheminée, par exemple. A quoi donc est due cette fameuse ecchymose ? Si nous avions une hypothèse à adopter, voici celle qui nous paraîtrait la plus probable, et la plus probable à beaucoup près.

Cette hypothèse suppose que le meurtrier persiste dans le système du soufflet; s'il renonçait à se dire souffleté ou frappé, l'hypothèse, comme l'ecchymose elle-même, du reste, perdrait tout intérêt. Supposons donc que le meurtrier veuille faire adopter le soufflet à ses juges et au public.

Pour y parvenir, mentir est certainement une ressource; mais mentir avec quelque vraisemblance est une ressource meilleure. Cette vérité n'a point échappé même à l'obtuse sagacité de Pierre Buonaparte, et il a voulu donner à son mensonge l'appui de quelque témoignage matériel. Voilà, très-probablement, l'origine de la contusion mastoïdienne. Cette contusion n'était point placée, assurément, dans l'endroit le plus favorable pour produire une illusion, et la comédie aurait été bien mieux jouée si l'auguste cabotin s'était fait administrer, par un de ses chaleureux souteneurs et amis, ou par un de ses valets, un véritable et généreux soufflet; mais on ne pense pas à tout, et la contusion mastoïdienne prouve que Son Altesse n'a pas été beaucoup plus intelligente dans son maquillage que dans ses impostures.

De quel instrument Son Altesse s'est-elle servie pour se faire une contusion? D'un corps évidemment mousse, probablement plus ou moins sphéroïdal, et comme elle en avait dans la main ou dans la poche un très-propre à cet office, il est probable que c'est de celui-là qu'elle se sera servi; un coup de crosse de son revolver aura parfaitement rempli son but; on peut même dire qu'il l'aura trop bien rempli, car ce ne sont pas des soufflets ordinaires, ni même un peu extraordinaires qui produisent des ecchymoses sur des tissus aussi denses que la peau de la région mastoïdienne. Mais ici trouvent leur application les remarques que nous avons faites sur l'état lymphatique, albuminurique, quasi-scorbutique de Pierre Buonaparte; il est donc possible qu'un choc relativement faible ait produit chez lui une contusion ecchymotique, tandis qu'il n'aurait occasionné, sur une organisation parfaitement saine, qu'une contusion légère ou même une simple rougeur érythémateuse.

Voilà l'hypothèse qui nous paraît la plus probable

sur l'origine de la contusion mastoïdienne, à supposer,
bien entendu, cette contusion récente ; nous ajoutons
que si l'instruction a fait des investigations suffisantes
sur cette contusion, nous ne doutons guère que la probabilité que nous venons d'établir n'ait été transformée
en certitude. Les débats nous apprendront comment
l'instruction a rempli ses devoirs sur ce point comme
sur tous les autres. Ce qui nous paraît certain, c'est
qu'après les explications précédentes, les manœuvres
de l'accusé ne pourront tromper que ceux qui désirent
l'être.

Nous venons de mettre successivement à nu les stra-
tagèmes grossiers, les mensonges ineptes du meurtrier,
qui n'ont même pas le mérite de la vraisemblance.
Nous avons établi, ainsi, comment les choses *ne se sont
point passées;* il s'agit maintenant de montrer comment
elles se sont passées en réalité.

On s'apercevra, j'espère, avec un peu d'attention, que
la vérité ne se dégage pas moins lumineuse de la discussion qui va suivre que de celle qui précède.
Que dit le meurtrier, dans le troisième, le cinquième
et dans le sixième paragraphe de sa version ? (De Grave.)
— Le voici :

« — Lisez la lettre, a dit le grand (Victor Noir).
« — Elle est toute lue ; en êtes-vous solidaires ?
« J'avais la main droite sur mon petit revolver... lors-
que le grand m'a frappé..., etc.
« Le petit a tiré de sa poche un pistolet... j'ai fait deux
pas en arrière et j'ai tiré sur celui qui m'avait frappé. »

Que raconte, de son côté, M. de Fonvielle, sans s'être concerté, il est inutile de le dire, avec son noble assassin ? — Le voici :

« Je lui tendis la lettre... il s'approcha d'une fenêtre pour la lire... il revint vers nous.

« — Êtes-vous solidaires de ces charognes, de ces misérables ?

« — Nous sommes solidaires de nos amis, répondit Victor Noir.

« Alors, s'avançant subitement d'un pas, il donna un soufflet à Victor Noir de la main gauche, et fit feu sur lui, à bout portant. »

A moins d'être affligé de cécité morale, il me paraît impossible de n'être pas frappé de la vérité qui jaillit de la confrontation de ces deux textes, rapprochée surtout du caractère des acteurs de la scène. Si Victor Noir n'a pas souffleté son adversaire, — et nous savons, de la manière la plus certaine, qu'il ne l'a point fait, — à quel moment a-t-il dû être frappé par lui ? Évidemment, au moment où, à cette question poissarde, laquelle ne s'invente pas, et qui est si naturelle, d'ailleurs, dans la bouche de l'auguste disciple de Vadé : « Êtes-vous solidaires de ces *charognes ?* » Victor Noir répond : « Nous sommes solidaires de nos *amis.* » En l'absence de tout renseignement, le plus simple bon sens dirait que c'est là le moment où la victime a dû être frappée; se dire solidaires de « manœuvres, » de « charognes, » de « misérables, » se dire l'ami de ces « misérables, » de ces « manœuvres, » de ces « charognes, » il n'en faut pas tant pour irriter les instincts sanguinaires d'une bête féroce, surtout quand ces instincts sont déjà tenus en émoi par la fermentation d'une préméditation parfaitement calculée. Il ne lui en avait pas tant fallu pour fusiller à bout portant le douanier d'Albanie.

Mais toute ombre de doute, s'il en pouvait rester, disparaîtrait devant les deux dépositions de M. de Fonvielle et du meurtrier, *lesquelles sont parfaitement concordantes sur ce point capital;* preuve nouvelle que la première version de l'assassin renferme seule quelques vestiges de vérité, vestiges que la version de M. de Fonvielle complète en grande partie, et qu'une critique rigoureuse complète de façon à ne rien laisser d'obscur sur ce sauvage guet-apens. La seule différence, sur le point qui nous occupe, entre la version de M. de Fonvielle et la première du meurtrier, c'est que, d'après celui-ci, Victor Noir aurait frappé d'abord, accusation que nous avons démontré être un infâme et inepte mensonge.

Du reste, en pénétrant plus profondément encore dans les détails des faits, ce n'est pas seulement de l'acte simple du meurtre qu'on arrive à se rendre compte : on comprend, on voit pour ainsi dire, chacun des mouvements de l'assassin, chacune des pensées qui ont dirigé sa main. Quelques éclaircissements sur un petit nombre de questions que tout le monde s'est probablement déjà posées, mettront à nu les combinaisons de ce monstrueux cerveau, à ressources bornées, incurablement organisé pour le meurtre.

Première question. — *Pourquoi l'assassin s'est-il attaqué, d'abord, à Victor Noir?*

Si la version princière était exacte, le fait pourrait paraître étrange, pour ne pas dire impossible.

Le meurtrier raconte, en effet, qu'avant de tirer sur Victor Noir, il avait déjà remarqué un pistolet dans la main de M. de Fonvielle. Comment supposer qu'en présence de deux adversaires, dont l'un est désarmé, tandis que l'autre vous tient déjà sous la gueule de son pistolet, on tire d'abord sur le premier, celui-ci vous eût-il frappé de la main, ce que nous savons être faux ? C'est inadmissible. Pour courir au danger le plus pressant, pour parer au coup qui menace immédiatement notre vie, il n'est besoin ni de réflexion profonde, ni de sang-froid particulier; le simple instinct de conservation est parfaitement suffisant.

Cette seule considération prouverait déjà péremptoirement que M. de Fonvielle n'avait pas de revolver dans la main, quand Pierre Buonaparte a tiré; mais cette considération n'est pas la seule.

Le revolver de M. de Fonvielle était renfermé dans un étui, — cela est matériellement établi. — Comment aurait-il pu sortir l'étui de sa poche, puis, le pistolet de son étui, laisser même tomber celui-ci sur le parquet — où il a été retrouvé — sans éveiller l'attention d'un adversaire placé en face de lui, lequel aurait assisté le plus pacifiquement du monde à ces menaçants préparatifs ? Enfin, comment cet adversaire, au moment où il juge opportun de se défendre, aurait-il « reculé de deux pas, » — ainsi que l'affirme le meurtrier, — comme pour donner au coup qui le menaçait tout le temps de faire explosion ? On aurait vraiment quelque honte à insister sur de pareilles impossibilités, si l'on ne savait qu'il y a de misérables souteneurs assez impudents pour les présenter au public comme des vérités acquises, et, dans le public, quelques intelligences assez bornées ou

assez irréfléchies, pour se laisser tromper par les souteneurs.

Terminons en répétant que, sur ce point comme sur
tous les autres, l'impérial meurtrier a menti grossière-
ment, comme sa grossière intelligence lui permet de
mentir.

Ainsi, aucun motif ne s'opposait à ce que l'assassin
débutât par le meurtre de Victor Noir; mais plusieurs
motifs devaient le porter à commencer par lui.

Un premier motif, c'est que Victor Noir a seul répondu à la question : « Êtes-vous solidaires de ces charognes? »

Peut-être y a-t-il un second motif dans la position
respective des personnages, et Victor Noir se trouvait-il
plus à portée de l'assassin.

Mais il y en a certainement un troisième, — et celui-
là était à lui seul déterminant; — ce troisième, c'est
que Victor Noir était jeune, agile, d'une vigueur exceptionnelle et qui se devinait facilement à première vue ;
il serait devenu un adversaire subitement redoutable,
après la mort de M. de Fonvielle. Celui ci, au contraire,
beaucoup plus âgé, petit, d'une faible force apparente,
devenait, une fois Victor Noir assassiné, un adversaire
dont le meurtrier pouvait espérer avoir raison plus facilement. Voilà pourquoi Victor Noir devait être assassiné le prèmier.

Il ne faudrait pas croire que la faible intelligence de
Pierre Buonaparte exclue de semblables combinaisons;
elles sont à la portée des plus vulgaires coupe-jarrets, et
les annales du crime en offrent de nombreux exemples,
chez des assassins d'un développement intellectuel in-
férieur à celui du prince d'Auteuil.

DEUXIÈME QUESTION. — *Pourquoi Pierre Buonaparte a-t-il souffleté ou menacé d'un soufflet Victor Noir, avant de l'assassiner ?*

Nous disons souffleté *ou* menacé d'un soufflet, car nous ne voulons rien introduire de douteux dans cette discussion ; nous croyons à la véracité de M. de Fonvielle, non-seulement parce que tout ce que nous savons de lui le rend digne de confiance, mais encore parce que sa version, à un très-petit nombre de détails, près, représente la nature même prise sur le fait. Mais, comme pour jeter un jour décisif sur toutes les questions essentielles de l'affaire, nous n'avons même pas besoin de son témoignage, nous avons résolu de ne point nous en servir, dans les cas où il ne peut être contrôlé, et où sa véracité ne résulte pas de la nature même des choses, afin qu'il soit bien établi que tous ceux qui conserveront ou feindront de conserver des doutes sur un crime probablement sans précédents, sont ou réfractaires aux lumières de la raison, ou systématiquement décidés à ne point se laisser convaincre, ou soldés pour étouffer la vérité. Cela dit, revenons à la question.

Que l'assassin ait souffleté ou non Victor Noir, cela importe peu ; ce qui importe, c'est la menace d'un soufflet ; or, cette menace, *tout au moins*, résulte de la première version du meurtrier, version trop habilement corrigée sur ce point par la seconde, pour qu'il soit difficile de ne pas y voir l'ingérence de quelque honnête conseiller. Il est clair que tout individu qui en voit un autre — et quel autre ! — s'avancer sur lui, « le bras à moitié levé, *dans une attitude énergique*, » doit se croire menacé d'un soufflet, et porter ses regards, son attention, sinon son propre bras, sur la main qui le menace; c'est là ce que devait vouloir, ce qu'a voulu l'assassin. Pendant que Victor Noir observait la main gauche, la main droite du meurtrier sortait furtivement le revolver de la poche et le déchargeait à bout portant (1) dans le cœur de la victime. Le soufflet ou la menace de soufflet n'était qu'une de ces feintes à l'usage des plus vulgaires coupe-jarrets. Si, comme il le dit, le meurtrier a reculé de deux pas, c'est qu'alors il ne s'est pas borné à la menace du soufflet; après avoir souffleté sa victime, il a reculé, afin que sa main armée du revolver ne risquât pas d'être détournée par un brusque mouvement des adversaires, mouvement provoqué par une agression sans nom.

---

(1) A propos de *bout portant*, les souteneurs ont publié l'ineptie suivante :

« D'après l'inspection des vêtements que portait Victor Noir quand il a été frappé, M. Tardieu a cru pouvoir conclure que le coup avait dû être tiré à une distance de six à huit pas.

« La trace laissée par les balles dans le pardessus de M. de Fonvielle éloigne également toute possibilité de coups de revolver tirés à bout portant; ces traces sont nettes, et il n'y a pas le moindre vestige de brûlures faites par le feu de l'arme sur le vêtement. »

Nous n'avons pas lu le rapport de M. Tardieu, mais nous n'avons pas besoin de le lire pour affirmer que l'opinion que lui prête avec tant d'assurance l'officieux souteneur du meurtrier, est une pieuse mais peu intelligente invention : M. Tardieu n'a pas exprimé l'opinion qu'on lui prête, parce que cette opinion serait une immense ânerie qui, dans les circonstances présentes, mettrait un expert au ban de la conscience humaine, car, à cause de sa grossièreté même, cette ânerie ne pourrait être que volontaire. Que chacun vérifie le fait par lui-même.

Il ne s'agit ici ni de haute science, ni d'expériences difficiles : qui-

Voilà, si je ne m'abuse, l'assassinat *réussi*, clairement expliqué dans toutes ses circonstances; passons maintenant à l'assassinat *manqué*. Pour le bien faire comprendre, il nous faut rappeler, d'abord, le septième et dernier paragraphe de la version de l'assassin :

« VII. — L'autre s'est accroupi derrière un fauteuil, et de là cherchait à tirer, mais il ne pouvait armer son pistolet. J'ai fait deux pas sur lui et je lui ai tiré un coup qui ne doit pas l'avoir atteint. Alors, il s'est sauvé et il gagnait la porte. J'aurais pu tirer encore, mais comme il ne m'avait pas frappé, je l'ai laissé aller, bien qu'il eût toujours son pistolet à la main. La porte restait ouverte; il s'est arrêté dans la chambre voisine, en tournant son pistolet contre moi; je lui ai tiré un autre coup, et enfin il est parti. »

Dans ce dernier paragraphe comme dans les premiers, presque tout est faux, inintelligemment faux; pour s'en convaincre, il suffira de faire appel aux lumières du plus simple bon sens.

---

conque conserverait le moindre doute peut répéter lui-même une expérience très-connue et que nous avons répétée vingt fois de suite : on peut décharger un revolver de poche, à *trois centimètres* d'un tissu de laine, de soie, de fil ou de coton, et, dans aucun cas, on ne trouvera la moindre trace de brûlure autour du trou fait par le projectile.

Nous ajoutons que, lorsque le projectile est une balle cylindro-conique comme sont, aujourd'hui, toutes les balles des revolvers, on ne trouve aucune différence caractéristique entre une ouverture faite à un ou deux mètres — (distance qui peut encore être dite à bout portant, car il ne faut pas confondre *à bout portant* avec *à brûle-pourpoint*, quoique avec les nouveaux pistolets, même à bout *touchant*, le pourpoint ne soit point brûlé) — et celle qui serait faite à six ou huit mètres.

Voyons les situations.

Voilà Victor Noir disparu, blessé ou non mortellement, ce que M. de Fonvielle pouvait présumer, mais
non savoir encore; quel parti celui-ci avait-il à prendre?
Il n'en avait que deux, évidemment: se soustraire par une
prompte fuite aux coups de l'assassin, ou prendre instantanément la résolution de lutter contre lui jusqu'à
la mort. On s'est étonné et l'on a pu s'étonner à bon
droit que M. de Fonvielle n'ait pas pris ce dernier
parti; il avait dans sa main une canne à épée ou à poignard (nous ne savons pas bien lequel, mais peu
importe); le mouvement pour tirer une épée ou un
poignard de sa gaîne n'est pas long, — Pierre Buonaparte l'a bien prouvé autrefois, aux dépens de l'officier
de gendarmerie du pape, — et avec un poignard rapidement et vigoureusement manœuvré, on a bien des
chances de sortir vainqueur d'une lutte avec un adversaire armé d'un revolver, surtout quand cet adversaire
est une lourde masse comme le cousin de l'Empereur.

On peut regretter, au point de vue de la justice distri-
butive et naturelle, que M. de Fonvielle n'ait pas instantanément pris cette résolution ; mais on doit assurément s'en féliciter, dans l'intérêt de la vérité. Si M. de
Fonvielle avait vengé à l'instant son ami, le doute aurait
probablement plané pour toujours sur l'infâme guet-
apens d'Auteuil.

Il y a des policiers stipendiés qui, dans l'état des
choses, ont l'impudence de soutenir que Pierre Buonaparte a été attaqué, qu'on a même tenté de l'assassiner (1); qu'auraient-ils dit, et combien d'esprits faibles

_____

(1) Il faut lire ces choses-là pour croire que le journalisme et

ces misérables imposteurs n'auraient-ils pas trompés,
si l'on avait trouvé dans le salon de l'assassin un poignard ou une épée nue, et l'habit de l'auguste prince
troué ou mieux encore le prince blessé! Qu'on nous
permette à ce propos une incidence qui donnera probablement au coupable le seul remords dont il paraisse
susceptible.

Il s'est donné beaucoup de mal pour faire croire à
un soufflet impossible et pour prouver le peu de ressources de son imagination. Si son intelligence avait
été égale à sa perversité, elle l'aurait mieux inspiré.
Elle lui aurait dit de ramasser la canne laissée par l'un
des parlementaires; l'ayant ramassée, il aurait facilement deviné à son poids qu'elle renfermait une arme;
la découverte faite, Son Altesse, au lieu de se donner un
coup de crosse de revolver sur l'apophyse mastoïde,
aurait perforé son habit, sa chemise, effleuré même au
besoin son auguste épiderme, et le tour était joué : du
rôle d'assassin elle passait franchement au rôle de victime! Le « noble cœur » pouvait devenir un héros de
bon aloi.

Revenons à M. de Fonvielle.

N'ayant pas pris le parti de lutter, il avait donc résolu
de se soustraire par la fuite aux coups du meurtrier.

---

même le barreau (pas celui de Paris toutefois, le souteneur qui signe
une de ces inepties du titre d'*avocat*, n'appartient pas au res-
sort de Paris, s'il appartient à un barreau quelconque) renferme des
hommes capables de les écrire. Comploter l'assassinat de Pierre
Buonaparte! Pourquoi ne pas soutenir que Néro est mort victime
d'un complot! Néro était certainement aussi important, sous le rapport politique, et il contribuait beaucoup plus au bonheur de la
famille.

Dès lors, son chemin était tracé : le plus court et le plus connu était le meilleur ; il n'avait qu'à suivre Victor Noir, qui, avec une balle dans la poitrine, venait de sortir par où il était entré ; la fuite était bien facile, suivant le meurtrier, car, dit-il, « LA PORTE RESTAIT *ouverte,* » et, en effet, « il (M. de Fonvielle) *gagnait la porte.* » En entendant l'auguste narrateur parler de LA porte, vous devez croire, nécessairement, qu'il s'agit de *la* porte déjà connue, celle par laquelle les témoins sont entrés, celle par laquelle Victor Noir est sorti.

Eh bien, non ! il ne s'agit point de cette porte ; en parlant de LA porte, l'impérial meurtrier ment encore, ment toujours, ou *confond* les portes à dessein, ce qui est à peu près la même chose. *La* porte, c'est-à-dire la porte *déjà connue,* était peut-être ouverte, mais elle était barrée par l'assassin, ce qui prouve d'abord que ledit assassin ne voulait pas que M. de Fonvielle sortît, ou du moins sortît vivant de la pièce où il se trouvait enfermé ; ensuite, que M. de Fonvielle n'avait pas, — ce qui a déjà été démontré, (1) — un pistolet dans la main, car il n'aurait pas attendu de s'être casé derrière un fauteuil pour s'en servir ou pour essayer de

---

(1) Cela est démontré une fois de plus par ce fait que, dans sa précipitation à sortir son revolver de son étui, il s'est blessé à la main gauche avec le crochet qui sert à fermer cet étui, et qu'aussitôt le sang a coulé ; le sang ruisselant sur le pistolet, quand M. de Fonvielle voulait le toucher de la main gauche, explique comment il a eu de la peine à l'armer, et comment, après sa sortie de la caverne Buonaparte, il avait la même peine à le désarmer. S'il avait eu d'avance le pistolet dans sa main, il est clair qu'il ne se serait pas blessé en le tirant de son étui, et qu'il l'aurait disposé d'avance pour faire feu, c'est-à-dire tenu armé.

s'en servir; les moments étaient assez précieux pour ne
pas les perdre en mouvements inutiles; enfin, la manœuvre du meurtrier explique comment M. de Fonvielle, se voyant enfermé, a dû songer à se défendre, à
se placer derrière un abri, à la fois pour préparer son
arme, — laquelle, nous le savons, était renfermée dans
sa poche et dans un étui, — et pour chercher des yeux
une autre issue que LA porte gardée par l'assassin.

Il aperçoit cette issue et s'y précipite, et, à ce propos,
apparaît avec un nouveau mensonge du meurtrier, un
étrange certificat de générosité qu'il se décerne à lui-
même et d'imbécillité pour sa victime :

« J'aurais pu tirer encore, dit-il, mais comme il ne
m'avait pas frappé, je l'ai laissé aller, quoiqu'il eût
toujours son pistolet dans la main. » Quelle magnani-
mité ! Voyons un peu à la tirer au clair.

Quand l'assassin a déchargé un premier coup sur
M. de Fonvielle, celui-ci n'avait pas encore son revolver dans la main, c'est un fait maintenant démontré;
la générosité impériale était donc un peu tardive; ce
n'est pas sa faute si elle n'arrivait pas après la mort
de la victime; la balle qui avait traversé le paletot aurait
bien pu traverser la poitrine de M. de Fonvielle, et ce
n'est pas, sûrement, le paletot seul que l'auguste tireur
a visé. Non, il n'a pas à se reprocher cette faiblesse;
s'il a suspendu un instant sa fusillade, c'est quand sa
victime a trouvé un abri et qu'il a vu un revolver dans
ses mains; cette vue l'a tenu quelque temps en arrêt.
M. de Fonvielle a découvert une porte, et il s'y est pré-
cipité; c'est pendant sa fuite que l'assassin a eu la
générosité de tirer un second coup.

Il est vrai que Buonaparte justifie cette seconde dé-

.charge en alléguant que M. de Fonvielle « s'est arrêté dans la chambre voisine, *en retournant son pistolet contre lui.* » Mais cette allégation est encore un nouveau mensonge, non moins inepte que les autres, et qui prouve uniquement l'acharnement du meurtrier et son ardent désir de ne point laisser échapper la victime. Que M. de Fonvielle, qui ne s'était pas décidé à tirer pendant qu'il était couvert par un abri, songeât à s'arrêter, à se retourner pour tirer, quand déjà sa fuite devait lui paraître assurée, c'est d'une improbabilité qui touche à l'impossible : mais, aux yeux du meurtrier, l'impossibilité devait être complète, puisque, dit-il, pendant son séjour derrière le fauteuil, M. de Fonvielle *n'avait pu parvenir à « armer son pistolet ; »* or, s'il n'avait pu y parvenir pendant qu'il était immobile derrière le fauteuil, il est peu probable qu'il y fût parvenu, *en courant* du salon dans la pièce voisine. M. de Fonvielle aurait donc eu l'inconcevable sottise de tourner contre son assassin une arme impuissante, un vrai simulacre de pistolet, un simulacre connu pour tel du meurtrier ! Tout cela est impossible, impossible, impossible !

Mais ce qui est certain, c'est que M. de Fonvielle a reçu une seconde balle, dans la « pièce suivante, » *ainsi que le dit le meurtrier.* D'après le plan donné par quelques journaux du théâtre de l'assassinat, la porte qui conduit du salon dans cette pièce (qui est une salle de billard), est placée sur une cloison perpendiculaire au mur où se trouve la porte barrée par l'assassin ; d'après ce plan, la distance des deux portes doit bien être de 5 à 6 mètres, peut-être plus. Pour tirer sur M. de Fonvielle dans la « pièce voisine, » il a donc fallu que l'assassin *courût* vers cette pièce; s'il n'avait voulu que prévenir un retour offensif de la victime, il n'avait qu'à fermer la porte qui, maintenant, le séparait d'elle. Ce n'est point ce mouvement que sa générosité lui a inspiré; il a tiré un nouveau coup, — *et un coup qui a porté*, — ce qui établit clairement que sa générosité a consisté à épuiser les dernières ressources, pour ne pas laisser échapper sa proie.

La proie s'est échappée, le drame est terminé.

Encore quelques mots pour en bien déterminer le caractère.

Les souteneurs du meurtrier, d'accord avec le décret de convocation de la Haute Cour, appellent le meurtre un homicide; toute la presse indépendante et la population à peu près tout entière l'appelle un assassinat. Qui a raison, du décret ou de la presse? Il nous semble difficile d'hésiter, après l'exposé qu'on vient de lire. L'acharnement contre M. de Fonvielle ne s'explique que par une rage de bête féroce ou par l'immense intérêt que croyait avoir et qu'avait en réalité le meurtrier à faire disparaître le seul témoin du crime.

Il est évident que M. de Fonvielle tué, une grande partie des lumières qui éclairent cette horrible scène de banditisme calabrais se seraient éteintes avec lui. Mais ces lumières subsistent et elles prouvent, de la manière la plus irrécusable, que le meurtre commis par le prince Pierre Buonaparte est un assassinat des plus caractérisés. Cet assassinat est-il accompagné de la circonstance aggravante de la préméditation? Cette question exige une distinction.

Avant de les avoir vus, Pierre Buonaparte ne connaissait probablement ni M. de Fonvielle ni Victor Noir; il n'avait pu prévoir qu'ils viendraient le trouver; il n'avait donc pu former le projet de les assassiner, nommément.

Mais avait-il prémédité d'assassiner quelqu'un? Cela nous paraît indubitable.

Qui était ce quelqu'un? Tout le monde a nommé M. Rochefort, et tout le monde a probablement raison; mais on a raison encore en ajoutant qu'à défaut de M. Rochefort, Pierre Buonaparte a prémédité d'assassiner quiconque se présenterait à sa place. C'est ce qu'il s'agit de démontrer.

Nous avons reçu d'un voisin du prince Pierre la communication deux fois réitérée par écrit, que, dans un dîner qui eut lieu chez le meurtrier, quelques jours avant le crime, et dont on nous a désigné les convives, au nombre de quatre, la mort de M. Rochefort avait été complotée. Malgré l'apparente précision des circonstances, nous n'avons accordé aucune confiance à cette communication, et, comme il serait, dans tous les cas, à peu près, sinon complétement impossible d'en prouver l'exactitude, nous n'en ferons même pas un argument; nous nous bornons à donner ce renseignement, sauf à lui accorder plus d'importance, s'il nous revenait entouré de quelques preuves. Nous n'en avons, du reste, aucun besoin pour établir notre thèse.

Le premier indice de la préméditation de Pierre Buonaparte est dans la forme de la lettre qu'il a adressée à M. Rochefort. Quelque étranger qu'il paraisse aux usages de la civilisation, cet enfant sauvage des Calabres n'ignore pourtant pas quelles sont les lois adoptées pour le règlement des « affaires d'honneur », et la preuve

qu'il ne les ignore pas, c'est que, pendant qu'il écrivait
à M. Rochefort une lettre d'insultantes provocations
directes, contraire à toutes les convenances comme à
toutes les dispositions du « Code d'honneur, » il écrivait, pour un même but apparent, une lettre toute dif-
férente à MM. Della Rocca et Paul de Cassagnac. Si
donc il chargeait ses amis de s'entendre avec M. Tommasi, tandis qu'il écrivait directement à M. Rochefort,
en lui disant, avec insistance, que s'il se présentait, lui,
M. Rochefort, au domicile de Pierre, on ne lui dirait
pas que le prince était sorti, c'est que le prince se proposait un autre but que celui pour lequel il avait écrit à
MM. Della Rocca et Paul de Cassagnac. Il paraît clair
que deux lettres si différentes ne pouvaient tendre à une
même fin; que le digne élève de *Nevigantini* et non
moins digne émule de *Valentini* espérait attirer M. Rochefort dans le salon d'Auteuil, et se livrer sur lui à
l'attentat qu'il a consommé sur d'autres. Son désap-
pointement fut donc grand, sans doute, quand on lui
remit les cartes de Victor Noir et d'Ulric de Fonvielle,
et plus grand encore, quand il eut pris connaissance de
la lettre à eux écrite par M. Paschal Grousset. Aussi ses
premières paroles furent-elles : « *Vous ne venez donc
pas de la part de M. Rochefort?* » Ces paroles suffisent
pour prouver quelle était son attente (1).

Nous n'attachons pas une grande importance au té-

(1) Des souteneurs, qui gagnent fort mal leur argent, ont avancé
que Pierre Buonaparte ne pouvait avoir eu la pensée d'assassiner
M. Rochefort, par la raison bien simple que M. Rochefort servait
l'Empire beaucoup plus qu'il ne lui nuisait. Et ils ont cru avoir

moignage du fantaisiste marquis de Boissy-La Gattina; cependant, on ne saurait le dédaigner entièrement,
quand on se rappelle quelles bonnes vérités feu le vrai
marquis de Boissy a fait entendre, dans ses moments lu-
cides, aux pairs de Louis-Philippe et aux sénateurs de
Napoléon III. Il serait donc très-possible, quoique ce
ne soit que M. de La Gattina qui l'affirme, que Pierre

---

fait là une magnifique découverte. Ils n'ont fait que dire deux
énormes niaiseries, d'un seul coup.

Il faut, d'abord, être un niais pour supposer que M. Pierre Buonaparte est capable de comprendre quels sont les véritables intérêts
de l'Empire; mais, pour croire que M. Rochefort n'a pas nui à ces
intérêts, il faut être bien plus niais encore, tellement niais même,
qu'il est très-probable que les souteneurs se proposent de faire
croire cette sottise au public plutôt qu'ils ne la croient eux-mêmes.
Tout homme qui n'a pas perdu le sens commun ne peut méconnaître que le plus puissant instigateur du mouvement de revendica-
tion qui menace d'emporter l'Empire, est l'auteur de la *Lanterne*.
Que ce pamphlet n'ait fait que traduire, que réveiller un sentiment
qui était arrivé au terme de son sommeil, c'est une question que
nous n'avons pas à approfondir ici; mais ce qui est aussi évident
que la lumière du soleil, c'est que la *Lanterne* a été l'éclatant porte-
voix de ce sentiment, et que M. Rochefort a été le plus dangereux
des ennemis de l'Empire. Nous ne voudrions pas affirmer que
M. Rochefort continuera à rendre, dans l'avenir, à la démocratie,
tous les services qu'il lui a rendus jusqu'à présent; nous croyons
même que le moment est arrivé où le spirituel et vigoureux pam-
phlétaire doit surveiller, donner plus de gravité à son remarquable
talent, pour le mettre plus en rapport avec la solennité de la situation; mais nous le répétons, ses services passés nous paraissent
aussi éclatants que le soleil d'Austerlitz; les héritiers de l'homme
d'Austerlitz ne s'y trompent point, et ce sont probablement leurs
gémissements qui ont retenti jusque dans le « noble cœur » d'Auteuil, incapable de juger par son esprit. Quant aux souteneurs plus
ou moins niais, qui s'y trompent ou feignent de s'y tromper, encore
une fois, ils gagnent mal leur argent.

8

Buonaparte ne portât « jamais d'armes sur lui. » Dans
ce cas, la préméditation découlerait de la seule présence d'un revolver dans la poche de l'auguste ami
du Boissy italien. Mais à supposer que l'information
dudit marquis ne soit pas exacte, quelque amour que
Pierre Buonaparte ait pour les revolvers, il n'est pas
probable qu'il en tienne toujours un dans sa poche,
même quand il reçoit des visites dans son salon. En
sorte que, avec comme sans le témoignage de l'enfant
terrible transalpin, il n'en resterait pas moins à peu
près certain que le revolver qui a servi au meurtre de
Victor Noir ne se trouvait point par un pur effet du hasard, tout chargé, dans la poche du meurtrier; il paraît
à peu près certain, au contraire, qu'il y avait été placé
dans le but criminel qui a été à moitié atteint.

Le revolver pourrait-il, en effet, avoir été placé dans
sa poche pour un but de défense personnelle? Cela
n'est point admissible. Un homme doué de son bon
sens ne peut pas supposer que deux personnes qu'il ne
connaît pas, qui se font annoncer en envoyant leurs cartes
par un domestique, qui se présentent chez lui à deux
heures de l'après-midi, peuvent venir dans sa maison, —
et dans une maison aussi bien gardée, — dans le but de
l'assassiner. Il faudrait avoir une intelligence bien plus
obtuse encore que celle de Pierre Buonaparte, pour s'arrêter à une pareille pensée. D'ailleurs, si Pierre avait pu
concevoir l'ombre même d'une crainte, il lui était facile
et il était plus naturel de placer dans une pièce voisine
de celle où il devait recevoir ses visiteurs, deux domestiques ou deux amis, qui lui auraient porté secours au
premier appel. Bien loin de prendre une pareille précaution, le meurtrier a éloigné tout témoin du théâtre

du crime; il semble même avoir donné des ordres pour que personne ne se dérangeât, en cas de bruit; car est-il admissible, sans l'existence de ces ordres, que trois coups de pistolet aient pu être tirés dans un salon, sans que la femme du maître de la maison, sans qu'aucun domestique se soit ému, sans que les deux laquais, qui fumaient tranquillement leur pipe devant la porte, aient paru entendre, et sans qu'ils se soient dérangés, même quand le malheureux Victor Noir est venu tomber, la tête en avant, sur la chaussée!

Quelle caverne serait donc cette maison princière, si de pareilles scènes et de pareils tapages laissaient dans une parfaite quiétude tous ses habitants!

Pour avoir tiré trois coups, ayant porté tous les trois, avec un petit revolver qui ne permet pas de viser, avec ce qu'on appelle un *coup de poing* dont on ne peut guère faire un usage utile qu'à bout portant, il faut, en outre, que le meurtrier se soit exercé récemment avec cette arme; or, il ne s'est sans doute pas exercé sans un but déterminé, qui ne saurait être un but de défense, le meurtrier ne se mettant probablement jamais dans une situation à pouvoir être attaqué par des malfaiteurs; quant à supposer qu'il pourrait être attaqué par des porteurs d'un cartel, c'est tout simplement, nous le répétons, une pitoyable et ridicule bouffonnerie, qui fera sourire de pitié tout homme sérieux.

Enfin, les mouvements faits par le meurtrier pour consommer son crime; cette attitude « énergique, » qui n'est qu'une manière d'indiquer le soufflet qu'il a donné pour détourner du revolver l'attention de son adversaire; le recul d'un ou deux pas qu'il a opéré pour se placer hors de portée de la main des adversaires, et pour prévenir, ainsi, qu'ils détournassent son arme ; tout cela indique une manœuvre parfaitement combinée d'avance, et que l'assassin n'a fait qu'exécuter au moment et sur un terrain choisis et étudiés par lui.

La préméditation d'un meurtre nous paraît donc hors de doute. Mais la préméditation existe-t-elle relativement à Victor Noir et à M. de Fonvielle? Cela dépend de l'époque à laquelle on veut faire remonter une résolution, pour qu'elle constitue une préméditation. Certes, et nous l'avons déjà dit, Pierre Buonaparte n'avait point prémédité d'assassiner Victor Noir et M. Ulric de Fonvielle, une heure ni même dix minutes avant le crime. Mais il n'est pas moins évident qu'après avoir reçu leurs cartes, il savait qu'il n'allait point avoir affaire à M. Rochefort, et, cependant, il n'a pas renoncé à son dessein. Loin de là : il a tenu « *la main dans sa poche* SUR SON PETIT REVOLVER, » au lieu de sortir cette arme de la cachette où elle se trouvait et de la déposer quelque part, avant d'aller recevoir ses visiteurs. Mais, disent quelques souteneurs trop niais ou trop habiles, ce qui est parfois la même chose, l'un des témoins de M. Grousset avait bien des armes sur lui, et cependant vous ne l'accusez pas d'avoir médité un meurtre? Assurément, nous ne l'en accusons pas, et aucun homme de bon sens et de bonne foi ne l'en accusera, et cela pour plusieurs raisons, que nous avons déjà déduites et que nous ne ferons que rappeler ici sommairement.

Nous n'accusons ni Victor Noir ni M. de Fonvielle, le premier parce qu'il n'avait pas d'armes, et tous deux parce qu'ils ne sont pas accusables; parce qu'ils n'ont jamais commis ni meurtre, ni tentative de meurtre; parce qu'ils ont, au contraire, en toutes circonstances, et particulièrement dans des circonstances analogues à celles où ils se trouvaient vis-à-vis de Pierre Buonaparte, donné des preuves de courtoisie et de loyauté parfaites, et, dans d'autres occasions, d'une grande générosité. — Nous n'accusons pas M. de Fonvielle, en particulier, non-seulement parce qu'il ne s'est pas servi de ses armes, mais parce qu'il est évident qu'il ne les avait point disposées de manière à s'en servir, soit pour attaquer, soit même pour se défendre. Un revolver renfermé dans un étui, étui renfermé lui-même dans la poche d'un pardessus, et dont on est obligé d'extraire précipitamment le pistolet, au moment où l'on se trouve attaqué, ce n'est point là une arme disposée d'avance pour l'attaque ni pour la défense.

Ne tenant ou feignant de ne tenir aucun compte de toutes ces circonstances, certains souteneurs ont prétendu que si M. de Fonvielle n'avait pas fait feu le premier, ou s'il ne s'était pas au moins défendu, ensuite, c'est que son doigt *se trouvait pris dans la gâchette de son pistolet;* nous avons entendu, de nos propres oreilles, répéter cette ineptie, qui nous a prouvé, une fois de plus, qu'on ne saurait jamais assez compter avec la bêtise du public. Tous ceux qui ont vu un revolver de poche savent que ces revolvers n'ont jamais de sousgarde ; que leur gâchette est une simple tige de fer, qui se couche ordinairement quand le pistolet est au repos, et qui, lorsqu'on l'arme, se dresse perpendiculairement à l'axe du canon ; en sorte que prétendre qu'un doigt est *pris dans une gâchette* est tout justement aussi sensé que de prétendre qu'un doigt *est pris dans un porteplume* ou *dans une allumette !* Eh bien ! il existe des esprits assez simples pour croire que le doigt de M. de

Fonvielle était non-seulement « *pris dans la gâchette,* » mais tellement pris, qu'il n'a pu le dégager lui-même et qu'il a fallu l'aide d'un facteur de la poste ! C'est sur de tels esprits que comptent MM. les souteneurs pour propager leurs ignobles ou stupides fables ; mais ce n'est plus à notre époque que la fable peut prévaloir longtemps sur l'histoire. Ils ne sont plus ces beaux jours où la presse stipendiée des sentines impériales faisait des assassins de Moreau et du duc d'Enghien, et où le « *catéchisme impérial* » faisait un saint et presque un Dieu de Nabulione Buonaparte, dit Napoléon Bonaparte !

Non, les temps sont venus ou du moins viennent à grands pas, où il faudra juger et récompenser, enfin, chacun selon ses œuvres.

Victor Noir et M. de Fonvielle n'ont pas attaqué Pierre Buonaparte :

1º Parce qu'ils n'étaient pas des idiots, et il aurait fallu pour qu'ils le fussent, pour imaginer un complot contre cette brutale nullité, beaucoup plus embarrassante qu'utile dans l'Empire, et pour aller exécuter ce complot, précisément dans le domicile de Pierre, entouré de son personnel ;

2º Parce qu'ils étaient des hommes d'honneur, démontrés tels par tous les actes de leur vie ;

3º Parce que toutes les circonstances matérielles du crime prouvent, de la façon la plus irrécusable, qu'ils n'ont ni fait ni voulu faire usage, l'un de ses armes, l'autre de ses mains.

Pierre Buonaparte a assassiné Victor Noir et tenté d'assassiner M. de Fonvielle :

1º Parce que toutes les circonstances matérielles du crime prouvent que le plan de cet assassinat était concerté d'avance ;

2º Parce que l'accomplissement d'une moitié du crime et la tentative d'accomplissement de l'autre moitié ont eu lieu conformément à ce plan ;

3º Parce qu'autant les antécédents de Victor Noir et de M. de Fonvielle sont honorables, autant ceux de Pierre Buonaparte sont en rapport avec son nouveau crime ;

4º Parce qu'il a assassiné ou tenté d'assassiner :

A Canino, pour assurer l'impunité d'un viol,

En Albanie, parce qu'on lui demandait ses papiers de voyageur étranger,

En Luxembourg, parce qu'on le troublait légèrement dans sa chasse,

En Corse, pour se distraire,

Partout, pour obéir à d'irrésistibles penchants au meurtre, constitutionnels et incurables.

Quelles mesures une société hautement civilisée doit-elle prendre, quelles peines doit-elle édicter et appliquer pour se mettre, autant que possible, à l'abri de ces détestables penchants, pour réduire à l'impuissance et utiliser à la fois ces malheureuses organisations? C'est ce que nous dirons très-sommairement en prononçant notre sentence sur l'accusé. Occupons-nous d'abord de la position qui lui est faite par la Constitution qui nous régit.

V

L'ÉGALITÉ DEVANT LA LOI

LA PRISON — LA JURIDICTION

Nous avons dit précédemment quelques mots de la manière dont l'administration auxiliaire de la justice pratiquait le grand principe de l'égalité devant la loi, et de la coupable tolérance du public, — tolérance qui est une véritable complicité, — pour la violation effrontée d'une des plus grandes conquêtes de 89. Sans épuiser ce triste sujet d'humiliation, il nous faut en dire encore quelques mots.

La prison. — Le meurtrier avait été laissé libre chez lui jusqu'à ce qu'il lui plut d'aller se constituer prisonnier; il avait pu recevoir ses honorables amis, recueillir leurs conseils, opérer sur sa personne ou sur le théâtre du crime, toutes les manœuvres, tous les changements qu'il pouvait croire les plus propres à égarer les recherches de la justice, à empêcher la découverte et la démonstration de la vérité. On devait espérer qu'après un tel mépris de la procédure criminelle, on appliquerait au moins, dans la prison, les mesures communes à tous les accusés. Non-seulement il n'en a rien été, mais le mépris de l'égalité a été plus scandaleux encore. Outre que l'accusé a été logé dans les appartements du directeur, ce qui était une faveur à la rigueur pardonnable, il a pu, dès le lendemain même de son incarcération, recevoir ses amis et connaissances, être mis au courant de tout ce qui se disait sur son affaire, correspondre librement avec les journalistes et autres auxiliaires à sa dévotion, perfectionner, avec ou sans leur aide, compléter, modifier son système de défense, le tout au grand jour, nous dirions presque avec ostentation, comme pour braver en face l'indignation publique. Un journal « favorable » osait imprimer, le 14 janvier, les lignes suivantes :

Un de nos anciens collaborateurs a vu le prince Pierre Bonaparte, hier, à la Conciergerie, à trois heures et demie. Il a trouvé près de lui *huit ou dix personnes*, entre autres MM. Scholl et Pertuiset, l'explosible. Le prince l'a très-gracieusement accueilli et l'a *autorisé* à lui faire de *fréquentes visites*. Il lui a parlé de son affaire avec le plus grand calme, et a exprimé à plusieurs reprises son regret d'être jugé par la Haute Cour. « J'ai réclamé et je réclame encore, a-t-il dit, la juridiction de la Cour d'assises, non pas pour moi qui ai pleine confiance dans l'impartiale justice de l'un et de l'autre jury, mais afin de satisfaire l'opinion et d'enlever à mes ennemis ce prétexte qu'ils exploitent déjà avec tant d'acharnement. »

Ainsi, tandis que d'honorables citoyens sont tenus au secret pendant des mois entiers, tandis qu'ils souffrent du froid, pour des complots imaginaires ou des délits de convention, des délits d'opinions, Son Altesse Impériale reçoit dans ses appartements de la Conciergerie, huit ou dix personnes à la fois ; elle *autorise* un journaliste, — qui s'honore de son amitié, — à lui faire de *fréquentes* visites ; elle parle de ses *ennemis*, qui exploitent avec acharnement « ce PRÉTEXTE ! » — l'assassinat

d'un citoyen, « un prétexte ! » — ceux qu'indigne un pareil crime « des ennemis ! » Allons donc, Monsieur le
journaliste, qui imprimez de telles infamies, sans que le
rouge de la pudeur vous monte au front, tâchez du
moins de faire comprendre à votre auguste ami, que
les Soufflard et les Dumolard peuvent avoir des complices et des juges, mais qu'ils n'ont pas « des ennemis ! »
Ceux qui ont et qui se font des ennemis sont ceux qui
violent, par des faveurs iniques et scandaleuses, les principes sacrés de justice universelle qu'ils ont juré solennellement de défendre ; ceux-là méritent encore, quoique à peine, d'avoir des ennemis, car le mépris du par-
jure n'a malheureusement pas atteint le degré où le
portera, nous l'espérons bien, une civilisation plus
avancée.

La juridiction. — Ceux qui violent une fois les principes et les serments, ne regardent guère à les violer
derechef ; en tout, il n'y a que le premier pas qui
coûte..... quand il coûte ; mais il ne devait pas coûter
infiniment à l'Empire. Ce n'est pas précisément par des
voies et moyens réguliers que l'Empire s'est établi ; il
ne pouvait lui répugner beaucoup de fonder quelques
institutions conformes à son origine. Après avoir créé,
par l'article 54 de la Constitution, une juridiction exceptionnelle pour certains délits, il devait trouver naturel,
peut-être même indispensable, d'en créer une pour
certaines personnes. Une monarchie a beau n'être pas
de droit divin, elle s'efforce d'oublier, le plus qu'elle
peut, qu'elle est de droit populaire. Du moment qu'elle
s'entoure de « grands officiers de la couronne, » de pairs
du royaume ou de l'Empire, de « grands dignitaires d'un
ordre › quelconque, d'excellences privées, d'excellences

publiques, d'excellences et de sous-excellences de toutes sortes, la nécessité s'impose de rehausser le prestige de tous ces fidèles sujets de Cour, en créant pour eux une autre justice que celle qui juge les simples citoyens, ou, si l'on aime mieux les simples manants. Tel fut l'objet du sénatus-consulte du 4 juin 1858.

Il suffit de se rappeler l'esprit qui régnait alors à la Cour, et qui, probablement, n'a pas cessé d'y régner, quoiqu'on en fasse moins étalage, pour rester convaincu que la véritable pensée de l'inspirateur, de l'ordonnateur de cet acte additionnel aux constitutions de l'Empire, a bien été de faire juger, partout et toujours, par une *Haute Cour*, le premier prince du sang et le dernier conseiller d'État. Ainsi, dans l'esprit du promoteur de l'acte sénatorial du 4 juin 1858, on devra, pour le plus mince conseiller d'État qui aura chassé en temps de neige ou brocanté sur un *Étendard* quelconque ou sur le moindre railway, [faire parler le *Journal officiel de l'Empire*, mettre en mouvement les deux Chambres de la Haute Cour, et réunir, sur un point du territoire, quatre-vingt-huit jurés pris dans tous les départements de la France, moins le département de la Seine, qui, étant toujours mineur, peut bien nommer des députés, mais point encore de conseillers généraux ou municipaux.

Tout cela est profondément ridicule, outre que cela est profondément inique ; mais que resterait-il de l'Empire si l'on en retranchait tout ce qui est inique et ridicule ? Reconnaissons-le donc sans difficulté : pour obéir à l'esprit du sénatus-consulte du 4 juin 1858, il fallait renvoyer Pierre Buonaparte devant la Haute Cour. Nous n'en persistons pas moins à croire qu'on pouvait le ren-

voyer devant la Cour d'assises, et que, du moment qu'on
le pouvait, on le devait.

Comment le pouvait-on? On le pouvait parce que la
lettre du sénatus-consulte du 4 juin 1858 n'est pas conforme à son esprit, et que lorsque, par exception, c'est
la lettre et non l'esprit qui vivifie; quand c'est elle qui
respecte le grand principe d'égalité devant la loi, que
l'esprit viole; quand c'est elle qui donne satisfaction à
la conscience publique, c'est la lettre et non l'esprit
qu'il faut appliquer, et que doit appliquer surtout un
ministère qui se prétend plus honnête que les autres,
et qui dit être venu pour rétablir les principes de
liberté, d'égalité, et même de probité méconnus par
ses prédécesseurs.

La lettre du sénatus-consulte du 4 juin 1858 permet-
tait-elle de renvoyer Pierre Buonaparte devant la Cour
d'assises? Voilà donc toute la question. Cette question ne
saurait, suivant nous, être douteuse. Le sénatus-consulte
de 1858, nous le répétons volontiers, a évidemment
voulu abroger certaines dispositions de celui du 10 juillet 1852, qui avait organisé la Haute Cour; mais ce qui
nous paraît hors de doute aussi, c'est qu'il n'y a pas
réussi. Il n'y a pas réussi, parce que, comme l'a très-
justement dit, ou plutôt rappelé et répété M. Ferry :
« il est de principe, en droit constitutionnel, politique
et autre, qu'*il n'y a pas d'abrogation tacite;* qu'il n'y
a d'abrogé que les dispositions anciennes *qui ne peuvent pas se concilier* avec les nouvelles. (Séance du
Corps législatif du 12 janvier 1870.) C'est là, a ajouté
l'honorable député, un principe élémentaire, — (sous-
entendu de droit); — nous ajouterons, nous, un principe élémentaire de logique; nous formulerons même

ce principe d'une manière plus rigoureuse, en disant
que si la contradiction, si l'incompatibilité, entre une
disposition antérieure et une disposition postérieure,
n'est pas flagrante, éclatante, éblouissante pour tous
les yeux, la disposition antérieure doit conserver toute
sa vigueur ; c'est le seul moyen d'obliger le législateur
à sortir d'une ornière déplorable où il est embourbé
encore aujourd'hui, et qui consiste à terminer toutes
les lois nouvelles par cet article stéréotypé : « Sont
abrogées toutes les dispositions antérieures contraires
à la présente loi. »

Cet article final de toutes les nouvelles lois est tout
simplement le résultat de l'esprit de routine et de paresse
du législateur, qui laisse à l'arbitraire, souvent inintel-
ligent et non moins souvent passionné des magistrats,
le soin de faire ce qu'il aurait dû faire lui-même, et
qui engendre, ainsi, la confusion, même dans l'esprit des
juges, dans une matière où la lumière devrait être mise
à la portée de tous les citoyens. La loi organique la plus
utile serait donc celle qui déclarerait, non pas seulement qu'il n'y a pas d'abrogation tacite, mais qu'il n'y
a d'abrogés que les articles des lois antérieures, catégoriquement frappés d'abrogation, *par une mention spéciale* pour chacun d'eux, dans chaque loi nouvelle. De
cette façon, on n'aurait pas à rechercher si telle disposition est ou non inconciliable avec telle autre, et l'on
ne verrait pas deux hommes différer d'avis sur une
question à propos de laquelle il ne devrait jamais pouvoir exister deux opinions différentes.

Cela dit, y a-t-il, entre les dispositions des sénatus-
consultes des 10 juillet 1852 et 4 juin 1858, cette contradiction, cette incompatibilité flagrante, éclatante

9

dont j'ai parlé? Le ministre Ollivier le pense ou tout au
moins le dit ; mais qu'il le dise simplement ou qu'il le
dise et le pense à la fois, tout le monde sait bien que ce
n'est point une raison pour que cela soit. Sur quoi se
fonde-t-il pour le dire ou pour le penser? Voilà la seule
question, et à cette seule question, voici la *seule* réponse
de M. Ollivier :

« L'article 1er du sénatus-consulte du 4 juin 1858 est
ainsi conçu :

Article 1er. — La Haute Cour de justice organisée par le
sénatus-consulte du 10 juillet 1852 connaît des crimes et
des délits commis par des princes de la famille impériale
et de la famille de l'Empereur, par des ministres, par des
grands officiers de la Couronne, par des grands-croix de
la Légion d'honneur, par des ambassadeurs, par des sénateurs, par des conseillers d'État.

« Ces mots, dit le ministre Ollivier : « *connaît des
crimes et délits,* » sont attributifs et constitutifs de compétence et de juridiction. Dès lors, le sénatus-consulte
de 1852 eût-il admis une option, cette option a été dé-
truite par le sénatus-consulte de 1858. »

Voilà donc la seule et unique raison de M. Ollivier.
« Ces mots sont attributifs et constitutifs..... » Mais
pourquoi sont-ils attributifs et constitutifs? M. Ollivier
ne le dit pas; nous nous trompons, il le dit; il a, nous
devons l'avouer pour ne faire aucun tort à l'intelligence
de M. Ollivier, il a une seconde raison, et cette raison
est assez plaisante, pour prouver que M. Ollivier aime à
égayer, parfois, la tribune des Benjamin Constant et
des général Foy. Voici la seconde raison de M. Ollivier :

« Le sénatus-consulte de 1858, dit-il, renferme un article 7, ainsi conçu : « Sont maintenues toutes les « dispositions du sénatus-consulte du 10 juillet 1852 « auxquelles (*le Journal officiel* dit même *auquel*) il « n'est pas dérogé par les articles précédents. » L'abrogation de l'article 10 du sénatus-consulte de 1852 *résulte* du rapprochement de ces deux textes. »

Voilà la seconde raison de M. Ollivier ! Ceux qui ne s'en contenteront pas auront le goût ou la logique difficile. Ainsi, il est bien entendu que, dans la jurisprudence de ce plaisant jurisconsulte, l'incompatibilité de deux textes résulte de ce qu'il aura été déclaré, dans le postérieur, que tout ce qui, dans l'antérieur, ne lui est pas contraire, est maintenu, c'est-à-dire reste en vigueur ! Voilà une découverte que n'aurait certainement faite, ni d'Aguesseau, ni Merlin, ni même feu Troplong, qui ne serait probablement pas mort insolvable, s'il avait raisonné ainsi, car on ne peut vraiment raisonner de la sorte, à moins d'être très-largement payé pour cela.

A la place de M. Ollivier, ce n'est pas ainsi que nous aurions procédé : nous aurions préféré nous faire un commencement de réputation de franchise, en déclarant très-simplement, qu'il n'y a aucune incompatibilité dans la lettre des sénatus-consultes des 10 juillet 1852 et 4 juin 1858, mais que *l'esprit* qui a dicté ces sénatus-consultes a désiré que Son Altesse Impériale Pierre Buonaparte ne fût pas jugé par une simple Cour d'assises, et cela, pour les raisons que nous dirons dans un instant. Voilà ce que M. Ollivier devait dire, et alors il eût été cru sur parole par tout le monde.

Prouvons d'abord que l'abrogation, c'est-à-dire

l'incompatibilité dont parle M. Ollivier, n'existe pas, soit d'une manière flagrante, — ce qui pour nous est absolument indispensable, — soit même d'une manière quelconque. On a vu les articles 1er et 7 du sénatus-consulte du 4 juin 1858 ; voici maintenant ceux du sénatus-consulte du 10 juillet 1852, qui laissait bien, celui-là, au gouvernement l'option entre la Cour d'assises et la Haute Cour :

ART. 8. — L'officier du parquet qui recueille des indices sur l'existence de l'un des crimes désignés par l'art. 54 de la Constitution, est tenu de transmettre directement et dans le plus bref délai, au ministre de la justice, copie des procès-verbaux, dénonciations, pièces et autres pièces à l'appui de l'accusation. Néanmoins, l'instruction de l'affaire est continuée sans retard.

ART. 9. — Si la Chambre des mises en accusation d'une Cour est appelée à statuer sur une affaire qui serait de la compétence de la Haute Cour, le procureur général est tenu de requérir un sursis et le renvoi des pièces au ministre de la justice ; la Chambre doit ordonner ce sursis, même d'office.

ART. 10. — Dans le cas prévu par l'article précédent, les pièces sont transmises immédiatement au ministre de la justice. Si, dans les quinze jours, un décret du président de la République n'a pas saisi la Haute Cour, les pièces sont renvoyées au procureur général, et la Cour d'appel statue conformément au Code d'instruction criminelle.

La Haute Cour de justice peut toujours être saisie jusqu'à ce qu'il ait été statué par la Cour.

Tels sont les articles qui établissent la compétence

de la Haute Cour. Quelle contradiction flagrante peut-on voir entre ces articles et l'article 1er du sénatus-consulte de 1858, que nous avons transcrit ci-dessus ? Nous ne saurions le deviner. Cet article dispose que la Haute Cour connaît des crimes et délits commis....., etc; mais dispose-t-il qu'elle connaît dans tous les cas et sans exception ? Nullement. Eh bien, alors, que veut dire « connaît, » sinon que la Haute Cour connaît des crimes et délits commis par les catégories de personnes que l'article désigne, et *non par d'autres ?* Mais elle connaît de ces crimes et de ces délits, quand ? Lorqu'un décret saisit la Haute Cour, dans le délai de quinze jours, stipulé par l'art. 10 du sénatus-consulte de 1852.

Est-ce là l'esprit du sénatus-consulte de 1858 ? Nous le répétons encore, nous ne le pensons pas ; mais c'est assurément la lettre, et comme, dans les circonstances présentes, c'est la lettre qui vivifie, qui répond à la conscience publique, qui donne satisfaction au principe de l'égalité devant la loi, seul compatible avec la véritable justice, c'était la lettre qu'il fallait appliquer.

Pourquoi M. Ollivier ne l'a-t-il pas appliquée?

Est-ce parce qu'il a cru que cette application lui était défendue par le respect de la loi ? Hélas ! nous ne demanderions pas mieux que de le croire; mais comment le croirions-nous, alors que M. Ollivier avoue, dans la séance du Corps législatif du 12 janvier, que même ce jour-là, 12, il n'avait pas relu le texte du sénatus-consulte du 10 juillet 1852, et qu'il croyait même que c'était un décret ! Voilà donc un ministre, prétendu parlementaire, qui fait un acte aussi important que la convocation d'une Haute Cour, qui vise cinq articles d'un sénatus-consulte en vertu duquel cette Cour peut être convoquée, qui ne se donne pas la peine d'en relire, encore moins d'en méditer profondément le texte, et qui croit même que ce sénatus-consulte est un décret! Et l'on voudrait nous faire croire que c'est le respect de la loi qui a conduit Pierre Buonaparte devant la Haute Cour! Pour qui donc prend-on les Français en général et les Parisiens en particulier? M. Haussmann les a déjà pris pour des bohémiens, mais personne, que nous sachons, ne les a encore tous pris pour des Béotiens ; cette fantaisie était réservée au fils de Démosthène ; mais elle n'aura pas de succès. La véritable raison de la convocation de la Haute Cour, les Parisiens, — car il en existe quelques-uns, quoi qu'en dise M. Haussmann, — les Parisiens la verront dans le passage suivant du discours de M. Ollivier à la séance du Corps législatif du 12 janvier :

« Nous eussions été heureux, *dans l'intérêt de ceux qui sont poursuivis*, de les soumettre à la juridiction ordinaire, plus rapide et *moins redoutable.* »

M. Ollivier n'a pas encore atteint, nous le croyons du moins, le niveau d'un personnage de sa connaissance, dont un de ses conseillers nouveaux a cru pouvoir dire « qu'il est tellement menteur, qu'on ne peut même pas croire le contraire de ce qu'il dit. » On peut encore croire le contraire de ce que dit M. Ollivier. Il n'est donc pas impossible de supposer que, s'il a opté pour la Haute Cour, c'est, entre autres motifs, parce qu'il a jugé cette juridiction non pas plus redoutable, mais moins redoutable que la Cour d'assises. . Le sera-t-elle moins, en effet? C'est ce que nous ne voulons pas affirmer d'avance ; mais ce que nous dirons et tous

les hommes sensés avec nous, c'est qu'un ministre
de la justice, c'est que la société qu'il est sensé
représenter, ne doit pas désirer qu'une justice soit
plus ou moins *redoutable*. Si le langage de M. Ollivier avait été l'expression de ses véritables sentiments,
nous dirions que ce langage n'est ni celui d'un garde
des sceaux ni celui d'un vrai citoyen; un chef de la justice, pas plus que la société elle-même, ne doit désirer
qu'une chose : c'est qu'une justice soit juste et surtout
qu'elle ne soit pas suspecte.

Eh bien! la juridiction choisie par M. Ollivier est suspecte, à tort peut-être, mais avec des apparences qui
lui sont contraires :

Elle est suspecte :.

Parce que les magistrats qui composent les deux
chambres de la Haute Cour ne présentent même pas les
faibles garanties de l'inamovibilité ;

Parce qu'ils sont nommés, chaque année, par le chef
de la famille des personnes qu'ils sont appelés à juger;

Parce que le jury qui doit siéger avec les magistrats
de la Haute Cour a été élu sous cette pression des pré-
fets « à poigne, » dont la vérification des pouvoirs nous
a offert les affligeants résultats, pression que le ministère du 2 janvier a lui-même solennellement condam-
née, devant le Corps législatif, en la présence même
des élus qui devaient pour la plupart leur élection aux
manœuvres que les nouveaux ministres condamnaient;

Parce qu'enfin, un grand nombre des jurés de la
Haute Cour sont des maires nommés directement par
le chef du pouvoir exécutif, preuve nouvelle, s'il en
était besoin, que ces jurés ne se trouvent pas dans des
conditions d'indépendance qu'exige la fonction de juge.

Voilà pourquoi le haut jury n'inspire pas de confiance au public; voilà pourquoi un ministre libéral, véritablement pénétré de ses devoirs, aurait laissé la justice régulière suivre son cours, et aurait envoyé l'accusé Pierre Buonaparte devant le jury ordinaire, quoique celui-ci même soit loin d'être organisé conformément aux véritables principes d'une société démocratique.

Nous nous sommes déjà abstenu de prédire jusqu'à quel point les actes ultérieurs de la Haute Cour justifieraient les appréhensions publiques; mais il est de notre devoir de faire observer que les actes passés n'ont pas été de nature à rassurer l'opinion.

Nous ne reviendrons pas sur ce que nous avons dit à propos des priviléges scandaleux et nuisibles à l'intérêt de la vérité, dont l'accusé a joui et continue à jouir dans sa prison; nous ne reproduirons pas ici les impudents éloges qui lui ont été décernés par une certaine presse; mais nous ne croyons pas pouvoir nous dispenser de citer une fois encore un journal aux paroles duquel ses relations avec la magistrature et son caractère de journal juridique donnent tant de gravité.

On donne *comme certain*, dit la *Gazette des Tribunaux* du 20 février, que l'instruction aurait fourni la preuve de l'agression dont le prince affirme avoir été l'objet; qu'elle ne laisserait aucun doute sur la provocation à propos de laquelle il aurait fait usage de l'arme qui a tué Victor Noir et menacé la vie de M. de Fonvielle.

La *Gazette des Tribunaux* n'est pas un journal pour rire; c'est même ou ce devrait être un journal un peu plus sérieux que les autres ; il faut donc accorder quelque crédit à ses paroles. Or, si les paroles que nous venons de citer ne sont pas d'un misérable saltimbanque, qui, le rédacteur de *la Gazette*, désigne-t-il par *On?* Qui pouvait donner *comme certain*, alors que le dossier de l'instruction était encore entre les mains du juge de la Haute Cour, qui pouvait donner comme *certain*, que l'instruction aurait fourni la preuve de l'agression dont le prince affirme avoir été l'objet? Qui peut même savoir ce que le prince a affirmé ou n'a pas affirmé dans l'instruction? M. d'Oms a-t-il fait des confidences à la *Gazette des Tribunaux?* Et si, comme nous le croyons fermement, il ne lui en a point fait, comment qualifier les basses manœuvres du journal judiciaire, qui doit être habitué à la circonspection? Quels soupçons ne doivent-elles pas exciter dans le public, touchant les mystères de l'instruction?

De ces mystères, nous n'en connaissons qu'un seul : et celui-là ne nous donne pas la meilleure opinion possible des autres.

Tout le monde a été frappé de la prodigalité qu'on a déployée dans les citations de témoins ; on a, paraît-il, cité jusqu'à des passants qui avaient à peine appris le crime par les on dit de la foule. Eh bien, pendant qu'on se montrait si prodigue d'un côté, de l'autre, on n'appelait même pas le docteur Pinel, le docteur Pinel, qui avait vu le meurtrier très-peu de temps après le crime, qui lui avait parlé, à qui le meurtrier a dit qu'il avait télégraphié à M. Conti, etc. Cet oubli est si inconcevable, qu'on a peine à croire que c'en soit un ; mais fût-ce un oubli, quels autres non moins importants ne laisse-t-il pas craindre? S'est-on procuré au bureau té-

légraphique la copie de la dépêche à M. Conti? Quelle
en était la teneur? M. Conti a-t-il répondu? Si oui,
quelle est la teneur de sa réponse?

Les débats nous apprendront sans doute ce qu'il en
est de ces questions et de beaucoup d'autres? Mais si
elles n'ont pas été résolues par l'instruction, quelles
chances restera-t-il de les résoudre complétement, dans
les débats?

Questions, obscurités, suspicion, voilà ce qui plane
actuellement sùr l'instruction officielle de l'affaire d'Auteuil.

Quant à l'instruction que nous avons faite nous-
même, elle est loin d'être complète; mais elle nous paraît suffisante pour établir de la manière la plus lumineuse la vérité. C'est là, en définitive, tout ce qui
importe à la société, à l'histoire. Le peuple français n'a
nul besoin que la tête de Pierre Buonaparte tombe; il
ne doit pas le désirer, au point de vue de la civilisation;
il ne le désire pas; il doit même se soucier médiocrement qu'une justice exceptionnelle rende ou non une
sentence conforme aux saints principes de la raison
éternelle et de l'égalité devant la loi. Ce qui lui importe, c'est que la vérité lui soit connue d'une manière
indubitable, afin qu'il puisse lui-même formuler sa
sentence et la transmettre à l'histoire. Or, nous croyons
qu'il le pourra s'il a lu avec attention cet écrit. En
attendant qu'il la prononce lui-même, d'une manière définitive, nous essaierons de la formuler nous-
même, en nous inspirant des progrès de la civilisation
vers laquelle nous marchons, ou pour mieux dire, en
supposant que ces progrès sont en grande partie réa-
lisés.

VI

LA SENTENCE

Au degré de civilisation où nous nous supposons arrivés, les magistrats et les jurés seront élus par le suffrage universel libre. Les formules de la justice ne seront donc pas tout à fait celles auxquelles nous sommes habitués. La sentence que nous allons libeller sur l'assassinat d'Auteuil, donnera une idée de la forme qu'on leur donnera probablement, sauf, bien entendu, les développements doctrinaux, qui seront alors connus de tout le monde et n'auront pas besoin, en conséquence, d'être rappelés dans un jugement.

Sous le bénéfice de ces explications, voici notre sentence.

Au nom de la loi librement votée par la majorité des représentants de la nation française,

Le jury élu par le peuple français pour le jugement des affaires criminelles, après s'être livré à une étude approfondie de l'affaire qui lui est soumise et s'être entouré de toutes les lumières qu'il a pu rassembler,

Considérant :

Que l'accusé Pierre-Napoléon Buonaparte, dit Bona-parte, a, le 10 janvier 1870, à deux heures de relevée, dans sa maison, sise à Auteuil, Grande-Rue, n° 59, an-cien village de la banlieue de Paris, aujourd'hui incor-poré à la capitale de la France,

Commis :

1° Un assassinat sur la personne de Victor Noir, en lui tirant un coup de pistolet qui lui a perforé le cœur et qui a causé une mort presque instantanée ;

2° Une tentative d'assassinat, deux foix réitérée, sur la personne de M. Ulric de Fonvielle, tentative qui n'a échoué que par des circonstances indépendantes de la volonté de l'assassin ;

Que cet assassinat et cette tentative d'assassinat ont été précédés de la circonstance aggravante de la préméditation ;

Que la succession de l'assassinat et de la tentative constitue elle-même une circonstance aggravante ;

Que, dans les anciennes législations pénales, un crime accompagné de ces circonstances était puni de la peine de mort ;

Mais considérant,

Que la peine de mort, comme toutes les peines édic-
tées par les anciens codes, était fondée :

Tantôt sur des principes théologiques dont la préten-
tion et le caractère essentiels sont d'être en dehors de
toute discussion et de toute démonstration ;

Tantôt sur de vaines et inintelligibles considérations
métaphysiques, qui ont presque tous les inconvénients
des systèmes religieux sans en avoir les avantages ;

Qu'en effet, une fois admis, les principes théologiques fournissent à la loi comme à la morale, une base
fixe et invariable, à l'abri des fluctuations de l'opinion,
de l'esprit d'agitation, de libre examen et de contradiction ; tandis que les systèmes métaphysiques, faisant
succéder les théories vagues aux théories vagues, les
démonstrations inintelligibles aux démonstrations inintelligibles, ont fourni et fourniront perpétuellement des
arguments, également bons, puisqu'ils sont également
obscurs, aux opinions les plus opposées, et mettront,
ainsi, constamment en question tous les préceptes de
morale et la base des lois sociales, civiles et criminelles ;

Que ces lois ne s'imposeront définitivement au respect de tous que lorsqu'elles seront fondées sur des
démonstrations scientifiques rigoureuses, semblables à
celles qui établissent la certitude de toutes les lois na-

turelles, telles que celles de la gravitation, des mouvements de la lumière, des équivalents chimiques, etc., etc.;

Qu'en ce qui concerne la peine de mort, appliquée aux crimes communs, c'est-à-dire aux crimes infamants, l'étude physiologique, approfondie des criminels prouve, de la façon la plus irréfragable, que cette peine, comme toute autre, est absolument impuissante à prévenir l'accomplissement d'actes criminels, l'assassinat comme tous les autres;

Que cette vérité a été confirmée expérimentalement, dans plusieurs pays où la peine de mort a été supprimée, sans que les meurtres aient augmenté dans une proportion quelconque;

Que cette peine étant absolument stérile comme action préventive, il convient dès lors, de donner satisfaction au sentiment public qui se traduit par la répugnance invincible qu'inspire le bourreau, et d'éviter à la population un spectacle dégoûtant, corrupteur des mœurs publiques;

Que la peine de mort, outre sa radicale inutilité, a le très-grave défaut de rendre irréparable les erreurs de la justice humaine;

Que, de toutes les dispositions organiques qui se transmettent par hérédité, les facultés instinctives sont au nombre de celles qui se transmettent le plus fréquemment;

Qu'en prévenant la possibilité de la transmission par hérédité de ces dispositions, on arrivera à diminuer, dans une proportion considérable, le nombre des criminels, et à élever, ainsi, le niveau de la moralité publique, niveau qui reste rigoureusement le même, malgré les progrès accomplis sous d'autres rapports, depuis qu'on le mesure d'une manière exacte, c'est-à-dire depuis quarante-quatre ans, de sorte que la criminalité semble être le résultat d'une loi fatale, supérieure à toutes les puissances modificatrices de la civilisation ;

Que tout condamné en récidive, doit être définitivement exclu de la société des citoyens libres, parce que la récidive, dans la folie comme dans le crime, qui n'en est qu'une variété, est le caractère infaillible de l'incurabilité ;

Que tout condamné doit être employé d'une manière utile à la société, qui lui assure la vie et la subsistance, ne pouvant plus lui assurer la liberté ;

Par tous ces motifs,

Condamne Pierre-Napoléon Buonaparte, dit Bonaparte, à l'abolition des fonctions de la reproduction et à la servitude pénale (1) à perpétuité.

(1) Nous dirons ailleurs ce que nous entendons par servitude pénale, et comment elle peut et doit être appliquée.

FIN

TABLE DES CHAPITRES

TABLE DES CHAPITRES

I

DU MÊME AUTEUR

Pour paraître ultérieurement

ÉTUDE

MÉDICO - POLITIQUE

SUR

LE MAL DE L'EMPEREUR

ÉTUDE

MÉDICO-POLITIQUE

SUR

LE MAL DE L'EMPIRE

LA PSYCHOLOGIE

DE

NAPOLÉON

Paris. — Imp. Émile Voitelain et C⁴, 61, rue J.-J.-Rousseau.

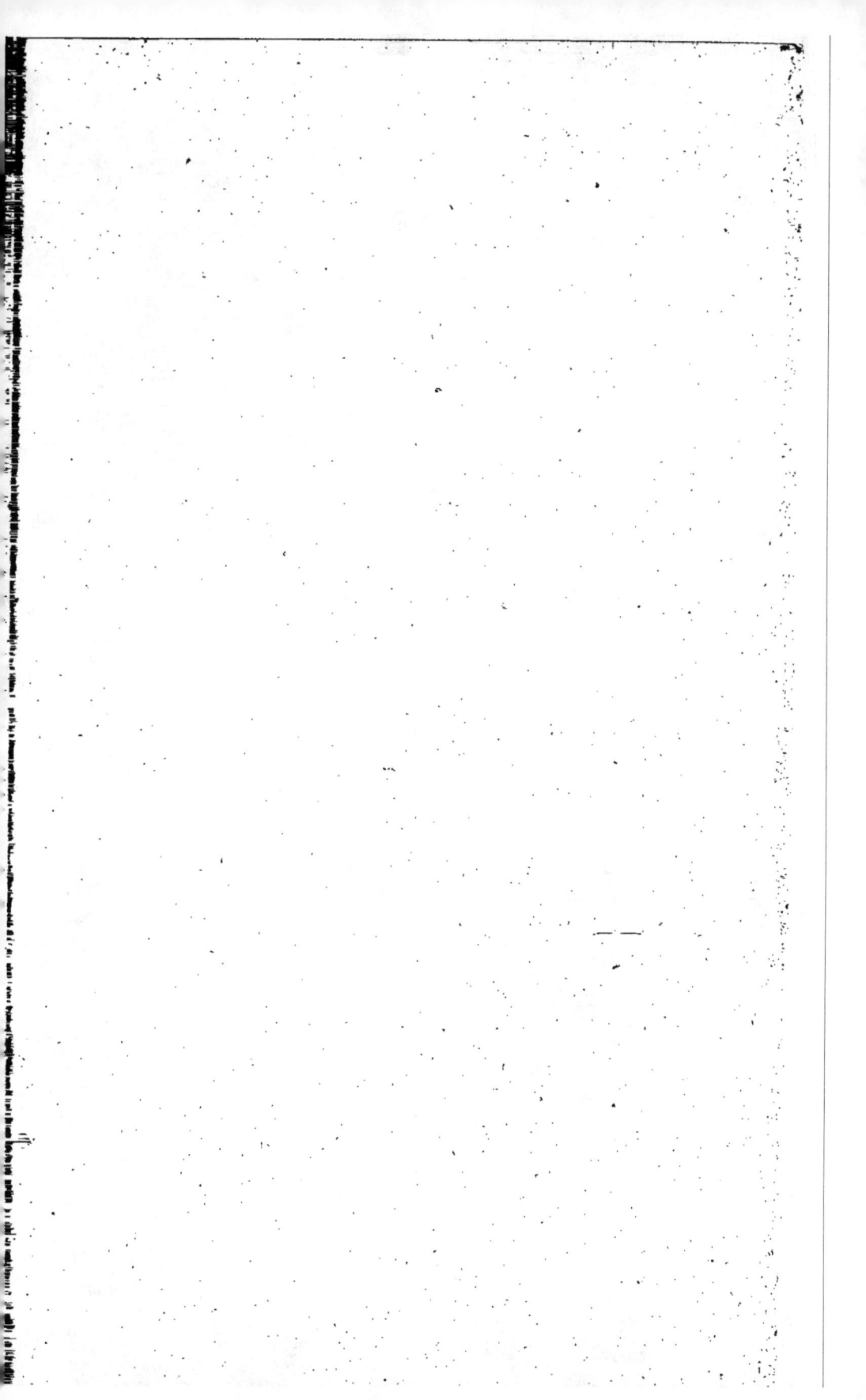

DU MÊME AUTEUR

Pour paraître ultérieurement

ÉTUDE

MÉDICO-POLITIQUE

SUR

LE MAL DE L'EMPEREUR

ÉTUDE

MÉDICO-POLITIQUE

SUR

LE MAL DE L'EMPIRE

LA PSYCHOLOGIE

DE

NAPOLÉON

www.ingramcontent.com/pod-product-compliance
Lightning Source LLC
Chambersburg PA
CBHW072103080426
42733CB00010B/2191